专注力

如何高效自我管理并有效影响他人

姑苏明月 著

中国铁道出版社有限公司
CHINA RAILWAY PUBLISHING HOUSE CO., LTD.

图书在版编目（CIP）数据

专注力:如何高效自我管理并有效影响他人/姑苏明月著.—北京：中国铁道出版社有限公司，2020.6

ISBN 978-7-113-26695-0

Ⅰ.①专… Ⅱ.①姑… Ⅲ.①自我管理—通俗读物 Ⅳ.①C912.1-49

中国版本图书馆CIP数据核字（2020）第036416号

书　　名：**专注力：如何高效自我管理并有效影响他人**

作　　者：姑苏明月

策　　划：巨　凤　　**读者热线**：（010）63560056

责任编辑：王　佩

编辑助理：王伟彤

责任印制：赵星辰　　**封面设计**：仙境

出版发行：中国铁道出版社有限公司（100054，北京市西城区右安门西街8号）

印　　刷：三河市宏盛印务有限公司

版　　次：2020年6月第1版　2020年6月第1次印刷

开　　本：700 mm×1 000 mm　1/16　**印张**：16　**字数**：257千

书　　号：ISBN 978-7-113-26695-0

定　　价：55.00元

故事线

提娅是一名招聘培训主管。她自以为能够平静度过失恋期，能够好好利用突然多出来的时间和精力来提升自我。

然而，她错了。她的生活和工作还是陷入了混乱之中。

在发小瑟琳娜的帮助下，她终于走出困境，感受到了一个全新的自己。

她的积极向上以及突破困局的能力也获得了所在公司管理层的认可。总经理埃里克任命她为人力资源部代理经理，三个月后转正。

正当她克服困难等待转正的时候，总公司却突然更换了总经理。

分公司的管理层面临着巨大的人事变动。

她的经理职位能否兑现?

她将面临怎样的挑战?

-- 序 --

职场与学校有很大的不同，究其根本是在规则上的改变。

不是因为你拥有了什么，比如好的容貌、学历、工作经验、背景等，就可以源源不断地获得较多的资源和关注。

这些顶多为一辅助工具罢了。想要实现长期获得自我成长，根本上还是要在懂得职场规则的基础上进行有目的性的调整和努力。职场新人因为不懂得或者不愿意接受上述问题，而被现实碰得伤痕累累。

比如，你拥有一项技能，在学校里可以获得一些称赞，但如果放在职场则不是。

技能和知识并不能确保让你适应职场生活，有时还会适得其反，使人陷入自我炫耀或是能者多劳的窘境。

在学校里，你只需要听老师的安排或者提点，去完成相关知识的学习，就可以获得不错的回馈。

但步入职场后，我们则会遭遇：如何去说服一个能力比你强、资源比你多、权利比你大，还和你不是同一个部门 / 公司的人去配合你完成工作。

这个时候，你怎么办呢？

以上的问题，都会在书中一一解答。

随着互联网时代的到来，我们可以获取知识的渠道也越来越多，内容也越来越丰富。但，真正有用的知识是能帮助人认清自我，认清所处形势，并找到解决方法的。否则，人很容易沉溺在自我的幻觉中，痛苦且无法自拔。

当知识成为我们逃避现实的保护伞时，那其实是一种负担。我的建议是：你还不如放下它。赋予挑战以意义，以全然的态度去接受现实，看出现实中的突破点，而你的新力量很可能就在那里。

赋予事物意义就是专注力管理的开始。

本书通过一个类似于《杜拉拉升职记》的生动的职场故事为主线，并配以明快清晰的插图，带领你从主人公提娅丰富的视角以及起起落落的职场经历中，系统获得一个个提高自我专注力的开启密码，和有效影响他人的法宝。

另外，书中还涵盖作者多年培训和辅导学员的重要心得。相信一定能帮助你在知晓和运用提升专注力的各种方法的同时，克服成长和思维中的困境，获得扭转和把控局势的力量。从而起到双辅双成，确保有效持续的系统提升，以及拓展更多领域的效果。

专注力对于个人来说那么重要，但为什么那么难掌控？为什么那么难以提升？究竟怎样做才能获得更好效果？

本书将会详细生动地为不断努力的你一一解答。

姑苏明月

-- 目录 --

第一部分　困境突围

第二部分　崭露头角

第三部分　应对突变

第四部分　掌控自我

第一部分

困境突围

只有经历过的人才知道：陷入生活工作恶性循环之中是何等的痛苦和绝望。

突如其来的混乱让原本积极乐观的提娅陷入一系列的痛苦之中。

如何走出这场困境？对于当事人来说是一场极大的考验。

认识自己，把控专注力是个重要的突破点。

但，如何开始？如何坚持？如何巩固效果？这是随之而来的一系列问题。

接下来，将会为你一一道来。

第 1 章

突破困局

人本渺小。

而处于恶性循环之中的人更会有这种感觉。

但，这对现实的改善无益。

如何开始？如何拓展？

本章将会一一解答。

“经理，皮特总监答应把他的办公室给我做面试间了。”人力资源部招聘培训主管提娅礼貌地说。

“哦？是吗？”人力资源部经理莫妮卡有点惊讶。

莫妮卡感到吃惊很正常，因为提娅和皮特不是一个部门，且比皮特低两个行政级别，他们之前也并无交集。

“对！每周一、三、五上午 10 点到 11 点半。”提娅十分自信地回答道。

“是他自己提出来的。”提娅补充道。

接着，她笑而不语地看着部门经理，一面享受着这一独特的成功所带来的成就感，一面回想起两个月前的自己。

1. 引子

那时樟树花初绽，花香弥漫。而提娅总是感到会有不好的事情发生。

一声提示音后，手机上的一条信息映入提娅的眼中：“我们还是分开一段时间吧！”这信息正是提娅的男友发来的。

提娅与男友的对话 -1

看到这句话，提娅一点也不惊讶。早在前几周她就隐约察觉到了。那个时候的他突然变得特别地客气，亲密的人突然变得客气往往意味着疏离。

提娅已有了心理准备，所以没有哭。而是很客气地回复：“没事，彼此静静也好。”

提娅与男友的对话 -2

当她把消息发出去的那一瞬间，她觉得自己真的做到了。

她感到心头一阵轻松外加一阵酸涩。不过，她很快就将情绪压了下来。

面对这样的结果，提娅觉得自己也有责任。因为，她一直没有告诉他：她是个单亲家庭的孩子。父母离异后，一直跟着母亲住。

单亲身份像个可怕的帽子一直扣在她的头上。她也曾试着坦诚，但换来的往往是说不清道不明的奇异眼光。渐渐她学会了不提此事，生活和薪酬也渐渐地平稳了起来。但情感始终是她难以逾越的关口。

提娅一面走着，一面自我安慰道："没事！人嘛，最重要的是要靠自己。"这也是她所经历的事情中最重要的经验总结，也是她屡试不爽的信念。

于是，过了一会儿，她就平静了下来。

其实，与男友的交往中提娅也并不开心，大多的时候只是装装样子罢了。

人是有分别真假的直觉的。所以，他们的关系就此中断，再无下文。

提娅自我安慰道："没有他也不赖嘛！至少，我有大把的时间可以花在自己身上。除了工作，我可以努力提升自己，可以去旅行，可以做很多事情。"

因为很多文章和书上都这么说，因此提娅相信执行起来应该不难。

但，现实给她浇了一盆凉水。

刚开始几天，提娅还算不错，但渐渐地她感到自己情绪低落，犯困走神的次数明显增多。换句话说就是：**越来越难以专注了。**

“这个招聘要求，我已经提醒过好几次了，你怎么还没弄好。”人事资料主管南希温和地对提娅说。

“对不起，我马上去弄！”提娅赶紧回答。

南希笑盈盈地说：“没事。我手上还有些积累，等会儿我帮你打电话试试。”

提娅十分感激：“真的？谢谢你了！”

南希和提娅在一个部门工作，主要负责招聘、人员考勤和表格统计工作，南希比提娅来得早一年，所以提娅的招聘工作她能帮得上忙。

南希属于温和而包容的性格，加上两人相处一直都很愉快，所以与她在一起工作提娅总是能感到安心。

虽然有了这么好的一个同事，但提娅还是感觉到自己不知不觉陷入了这样的一个循环：

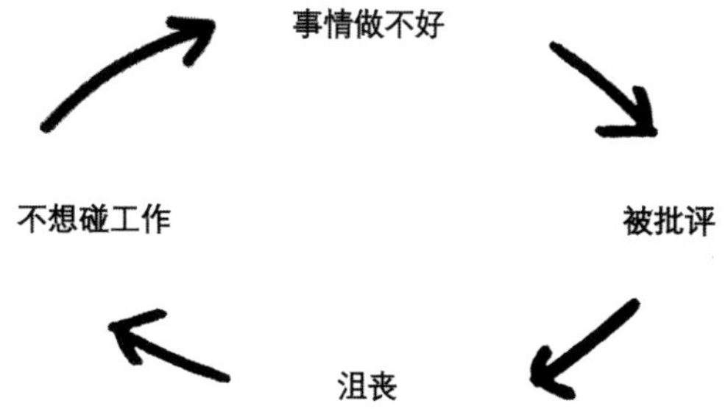

提娅陷入恶性循环

提娅不明白：**为什么自己拥有了足够的时间，反而管理不好自己的生活和工作？**

她很想知道原因，但更想知道如何突破目前的困境。

2. 改善从力所能及开始

几周后，提娅的生活出现了转机。

提娅儿时的一位知心姐姐瑟琳娜回来了。

瑟琳娜和提娅从小就住在一个小区，是她儿时的好伙伴。几年前去外地工作，最近刚刚调回来。

一见到提娅，看着她那没精打采的样子，瑟琳娜就感觉到她的状态不太好，于是就问："提娅，你的精神状态怎么这么差呀？"

提娅本能地想遮掩，但一想到她与瑟琳娜发小的关系，就把最近发生的事和困惑都告诉了她。

"瑟琳娜姐姐，你说我是不是需要辞职，好好去旅游一下？"提娅小声地问。

情绪低落的时候想出去走走很正常，提娅这个想法也很合乎情理。

瑟琳娜打量了提娅一下，摇摇头说："我觉得，就你目前的状况最好不要！"

提娅十分惊讶，问道："为什么呀？"

瑟琳娜此时变得非常严肃，认真地说："因为，我根本就没有从你的言语中找到有关突破当下困境的意思。"

瑟琳娜一语中的，让提娅想到了些什么，但想到现实中的重重迷茫，她还是有些无奈。

提娅痛苦地说："我真的已经很努力了。可是，我还是不知道怎么办才好。"

看着提娅无能为力地样子，瑟琳娜也很心疼，于是叹了口气，语重心长地说："遇到困境，想退缩很正常。这个我能理解。但职场是你必须面对的，逃避是没有任何价值的。另外，在职场中困境是一个人的成长契机，闯过了这个关口后，才有机会谈更大的发展。"

提娅点点头。但她觉得自己似乎没有多少精力去思考个人发展的问题了。于是，她沉默了。

看着提娅无精打采的样子，瑟琳娜有些心疼。她知道提娅的不易，但正是因为不易，提娅必须突破，否则等待提娅的将是迷雾般的未来。

小贴士

面对沉溺于情绪中的人，光讲道理是没有用的。此时想要改变这种状态，需要找个合适的突破口。

于是，瑟琳娜决定先打破提娅的不良情绪状态。

瑟琳娜转换了话题，说道："提娅，我始终记得你小学数学成绩突然进步的那件事。"

而这个话题让提娅有了点感觉。

小贴士

先解决情绪，再处理问题，往往效果来得更快更好。

提娅淡淡地笑着，点点头说："哎呀！当时就是觉得被老师看不起，所以心想：我就偏不信我不行！"

"那你接下来是怎么做的呢？"瑟琳娜决定抓住这个难得的突破口。

小贴士

沟通时的契机稍纵即逝，发现了必须牢牢抓住。

于是，提娅的注意力转移到了童年的回忆中。

提娅想了想说："印象不是很深了。只是记得当时每天复习数学，特别认真地做完每个题。"

瑟琳娜跟进了话题。她笑道："是呀！结果小学毕业那会儿，你就考到了 99 分，只差 1 分就满分了呢！"

提娅的眼中有了光亮，她忙问："是呀！当时感觉真的是出了一口气。难道这个对改善我目前的状态有关系？"

瑟琳娜没有接提娅的话，而是继续引导她回忆当时的情景。

"提娅，我只记得你当时那种全力以赴、排除万难的劲儿让你的脸上充满着光彩。"

提娅点点头说：“是呀！现在想起来就像做梦一样！只是那个时候的我还小，很单纯，所以容易专注。而现在长大了，事情多了，做不到那么好了。”

于是，她的状态又低落了下来。

瑟琳娜连忙打断说：“你不相信自己能做到，那自然是做不到的。”

提娅摇摇头，她对自己还是没有信心。她说：“可是相信了也不一定能成功呀！”

瑟琳娜接着提娅的话，继续打断这种纠结的负面情绪。她说：“但如果相信，那么当你遇到可以帮助你成功的机缘时，你会更容易认出它。”

提娅恍然大悟。她睁大了眼睛说：“好像是呀！”

看到自己的努力有了成效，瑟琳娜微笑地点点头说道：“绝大部分情况下一件事发生了，一个人是可以有很多种反应可供选择的。而不同的反应往往意味着有不同的结果。”

这次，瑟琳娜的话让提娅有所领悟。但提娅还是感觉到有些不够明晰，于是说道：“可是，要我把这个看作是自我成长的好机会，我觉得自己还是做不到。”

这次，瑟琳娜没有打断提娅，而是说：“你真的考虑过自我提升了吗？制订了具体的计划了吗？”

提娅有些尴尬，诚实地回答：“没。”

瑟琳娜笑道：“这样吧，先让一切恢复到正常的轨道上。我的要求也不高，你先把要做的事情列个清单，然后一个个地完成就好。”

面对这么简单的要求，提娅有些惊讶。她忙问：“就这吗？”

瑟琳娜肯定地回答道：“对！你**先把能做的做到，后面的改变才有可能获得。**”

提娅点点头。

她决定：**先从最简单的列清单开始。**

3. 初见成效

提娅将近几日要做的工作列了个清单。清单完成的时候她感到了一阵踏实。

这时，提娅的妈妈走了进来。

“提娅，怎么现在还不睡呀？”妈妈关切地问。

提娅笑盈盈地回答：“妈，不用担心，我一会儿就睡。”

“哎！这段时间，半夜老是发现你的房间不是开着灯就是你在那叹气。说实在的，我真的很担心。”妈妈心疼地说。

“妈妈，真的不用担心。你保重好你的身体，我真的能应对。”提娅很熟练地将妈妈的话挡了回来。

“哎！你有什么心事可以说出来。”妈妈还是很担心。

“妈，真没什么。我现在已经工作好几年了，你好不容易轻松了。你还有什么好担心的呢？”提娅继续笑着，显得十分的乖巧。

看到提娅这样说妈妈也只好作罢，走开了。

小贴士

乖巧有时是张面具，把想要关心自己的人挡在了外面。

妈妈离开后提娅又沉浸在自己的思考中。她想起瑟琳娜拿她小学的事情举例的事。

“其实，我当时只是凭着一句‘我偏不信自己不行’打起精神来的。这次，感觉光靠这么简单的信念是远远不够的。”她自言自语道。

她又想起自己曾经也试着让自己表现得好起来，但渐渐她感觉自己的状态不仅没有变化，反而与周围的人拉开了距离，从而更加孤独。

“算了，不想了。可能感情这个事情，是我控制不了的。我还是选择放弃吧！”她开始自我安慰。

“毕竟好好工作更加靠谱！”她感叹。

于是，她决定还是将目前的重点放在工作上。

第 2 天，提娅依照列出的清单，一个个地去完成工作。

就在这做完一个打一个勾的过程中，提娅感到了一阵阵的踏实，于是更加有动力坚持下去。

完成计划的感觉真是好

几天后，她发现自己信心增加了不少。

此时，南希也发现了她的变化。

“提娅，我感觉你的状态好像回来了些。”南希对提娅说。

“哦，好像是呀！”提娅笑着说。

此时，找回了工作感的提娅感到特别开心。

她以为继续运用清单可以管理好自己的工作和生活。但过了几天，她发现事情远比她想的复杂。

她发现自己虽然有些改变，但还是难以较长时间的专注。

具体原因，她却说不上来。

4. 什么是专注力

于是，提娅向瑟琳娜讲了自己最近的变化，也说出了自己认为难以专注的原因。

“虽然，我的职位是负责招聘和培训两个方面，但我感到自己绝大部分的时间就是在做招聘。”提娅说。

瑟琳娜很清楚提娅在这方面的心思。她直接问：“其实，你更想做的是培训，对吗？”

提娅点点头，说道：“对！但，我也知道在人力资源六大模块中，最容易被砍掉的就是培训。因为这在大多数公司高管眼中，培训就是一个花钱的项目。”

小贴士

人力资源六大模块是：人力资源规划、招聘与配置、培训与开发、绩效管理、薪酬福利管理以及劳动关系管理。

瑟琳娜说：“是呀！所以，你应该知道，你待在这个公司的基础是招聘。”

提娅点点头说：“服从公司安排，这个道理我是懂的。”她有些无奈。

瑟琳娜也点点头说：“你明白就好。不过，你做培训的应该知道，如果没有实践经验是讲不好课的。”

这句话说到了提娅的心里。她眼前一亮：“好像是呀！”

“嗯，你想想你在做招聘的过程中，哪些内容是对你做培训有帮助的呢？”瑟琳娜继续开导。

提娅的思路被打开了。她说：“这个大概可以分为两个方面：一是任务交代下来的时候，我需要去进行具体的分解、协调和执行。过程中的体会是我做培训的素材来源之一。”

“第二呢？”瑟琳娜忙问。

“二是在招聘的过程中，我可以遇到各种各样的人。我可以去看他们对同样一问题的反应，听他们讲自己的经历。如果招聘成功了，还可以知道他们之后是如何发展的，从而检验自己之前的判断。这些内容也是我培训素材来源之一。”提娅回道。

看着思维逐渐活跃的提娅，瑟琳娜有些欣慰。她补充道：“我觉得还有这些过程可以激发你更深入的学习相关知识，为你以后培训体系的形成打下基础。”

提娅忙点点头说：“也是，在学习和整理的过程中，我感到很开心。”

“是呀！不过，你要首先好好对待招聘这个工作。我相信里面一定会有更多更好的培训案例的。”瑟琳娜笑道。

“确实呀！一定会有特别多且生动的案例的。”提娅感觉心情舒畅了不少。

瑟琳娜也感到了一阵舒畅。她笑嘻嘻地问：“你现在还在为做招聘而烦恼吗？”

提娅心悦诚服地说：“好像没有那么强烈了呀！”

“对！你就不妨把目前的招聘工作当作积累的过程。等你实力和机遇到的时候，你才能抓得住呀！”瑟琳娜补充道。

提娅好像明白了什么，连忙说：“经你这么一点播，我更没有理由不做好眼前的工作了。”

瑟琳娜点头微笑：“加油！要学会**做好他人需要的，你才能获得你想要的。**”

提娅有点似懂非懂地点点头。而这一状态被瑟琳娜看了出来。

瑟琳娜解释道：“我现在帮你完成的是赋予招聘这个工作的重要意义。这样做的目的是让你能更好的专注于招聘工作上。”

提娅听出了点名堂，忙问：“赋予意义和专注力之间是不是有什么关系呀？”

“聪明！有很重要的关系。”瑟琳娜赞许道。

瑟琳娜拿出一张纸写道：**专注力，也称注意力，是指对某特定信息的精神集中。**

“但，这和赋予意义有什么关系呢？”提娅忙问。

瑟琳娜继续解释道：“这里有个讲究在于：**不是你专注了什么就能获得什么，而是你专注了什么就会忽略那些不属于你专注范围之外的东西。**”

提娅有些不明白了，忙问原因。

瑟琳娜耐心地说：“就像你，因为太专注于培训工作了，而忽略了招聘工作的重要性以及很多内容。”

提娅点点头。

瑟琳娜继续说：“当我给你指出了两者之间的关系，并且赋予了一个你可以接受的意义，你又是一种什么感觉呢？”

提娅认真地回答道：“我感觉自己有了认真对待招聘工作的动力。”

“加油！你会在逐渐面对招聘工作的时候，找到更多能够帮助你做好培训工作的惊喜。”瑟琳娜说。

“真的吗？”提娅有些怀疑。

“不要急，效果是慢慢显现出来的。”瑟琳娜平静地说。

5. 呼吸法：万能调整状态的方法

几天后，瑟琳娜给提娅发了一个信件。

瑟琳娜：提娅，好好练习这个呼吸法。每天 3 次，坚持 21 天以上。

提娅：哦？

瑟琳娜：保持放松的状态对注意力的集中很有价值。

提娅：好的。

放松呼吸法：

（1）吸气

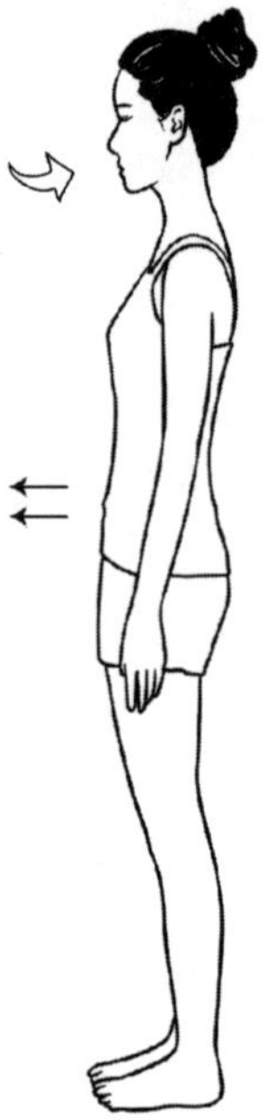

缓慢并深深地按“1—2—3—4”吸气，约 4 秒钟使空气充满胸部。呼吸应均匀、舒适而有节奏。

呼吸法 -1

（2）憋气

把空气吸入后稍加停顿，同时感到轻松、舒适。

呼吸法 -2

（3）呼气

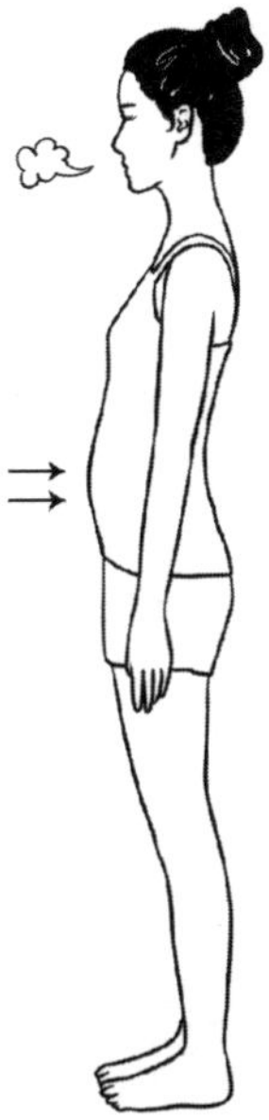

要自然而然地、慢慢地把肺底的空气呼出来。此时，肩、胸，直至膈肌等都感到轻松舒适。

呼吸法 -3

以上多次重复，直到你感到身心放松。

这个过程可以睁着眼睛或者坐着、躺着进行。

一试过后，提娅就喜欢上了这种随时随地都能练习的方法。于是她每天都坚持练习，坚持几天后感觉到自己的精神状况好多了。

与此同时，瑟琳娜也询问了提娅的感受。

瑟琳娜：方法练习得怎样呢?

提娅：正在坚持，感觉不错。

瑟琳娜：加油！如果你足够熟练，等以后感觉到紧张的时候，就可以自觉地用呼吸法给自己放松了。

提娅：好办法!

提娅就这么坚持练习呼吸法，每天确保 3 次，每次 5 分钟。

渐渐地，她察觉到了自己的一些变化：自己在招聘的过程中，可以在一定程度上一边跟对方交流一边感受自己的呼吸，从而适当地调节状态了。

因此，她更加坚定了练习的决心。

6. 招聘风波

一天，提娅为分校区面试一位人事专员。

提娅对眼前的这个候选人不是很满意。虽然这个人的形象、表达都不错，但感觉有点生硬。放在那个人员情况复杂的校区，提娅觉得非常不合适。

一般情况下，在面试的过程中最好给所有候选人以一种能被聘用的感觉。有关这点，提娅平时做得都不错。

但可能是同行的敏感。此时，对方好像察觉到了提娅不想聘用的意思，非常生气。她用生硬的语气问："告诉我！你是谁？哪个部门的？"

为了避免冲突，提娅想绕开话题。于是问道："你需要知道吗？"

可惜提娅没有成功。对方继续强势地问："我就是想要知道。告诉我！你是谁？哪个部门的？"

看着她如此过激的反应，提娅知道她根本不适合这个岗位。因为这个岗位需要很好的人际关系和协调能力。显然她不是。

提娅完全可以将其请出去，但她不想这样做。因为那可能会吵起来，而且很没有必要去吵。此时，提娅想用更加柔和的方式。

"她很可能是最近受打击了，所以失去对自我的肯定。"提娅心想着。

提娅一边调整呼吸，一边拿起对方的简历端详，不一会儿就有了办法。

提娅指着对方的简历，平和地跟对方说："我看你的简历上有很多与法律相关的工作经验。所以，我建议你可以去寻找一份与法律相关的人事工作。这样你会有不错的发展。"

提娅这么做是想把对方的注意力由否认转移到了可努力的方向上。

显然，这个方法奏效了。

对方欣然接受了提娅的建议，温和地说："嗯，其实你也不错！"

说完，她转身离开了面试办公室。

看着她离去的背影，提娅感觉像打了一场漂亮阻击战。

当然，提娅也对此进行了反思。一来觉得自己应该更加小心，从而减少被对方看出的概率；二来觉得这次风波的化解离不开之前瑟琳娜的点拨。

于是，提娅将这段经历分享给了瑟琳娜，让她和自己一起感受进步的喜悦。

瑟琳娜：做得不错呀！活学活用呢！

提娅：呵呵，还不是你点拨的。其实，我还有很多事情想要问你。

瑟琳娜：没问题！周末见！

提娅：好的。

7. 将痛苦转化为积极意义的步骤

几天后，提娅把自己的困惑告诉了瑟琳娜。

“瑟琳娜姐姐，你说究竟怎样才能更好地掌控自我呢？”她问。

瑟琳娜想了想说：“不必那么刻意，因为掌控自我非常依赖于个人的状态。而好的状态是需要有很多支持的。这其中大体可以分为体能、情感、思维、意志、社会环境等。”

提娅似懂非懂地看着瑟琳娜。

瑟琳娜继续说：“由于你刚起步，建议你先从个人可掌控的这四个部分来了解。”

接着，她在纸上写下了如下的文字。

个人可掌控自我的四个方面：体能、思维、情绪、意志力。

“其实，我一开始为了打破你的不良情绪状况，直接调动了你的注意力。”瑟琳娜说：“也就是引导你找到继续努力的意义，将注意力从眼前的困境中转移出来，让你专注于改善的行动中。”

小贴士

什么是意志力？

意志力是指一个人自觉地确定目的，并根据目的来支配、调节自己的行动，克服各种困难，从而实现目的的品质。

也就是控制自己的注意力、情绪和欲望，实现目标的能力。

提娅有所领悟地点了点头，连连道谢。

瑟琳娜说：“不用谢，我只是帮你设定了一个方向，而其中的努力和坚持是你的。”

“但无论如何，我还是觉得你的帮助对我很重要。因为，我自己是不可能想到这么好的一个意义的。”提娅诚恳地说。

瑟琳娜笑着说：“其实，当你能力够的时候，你是可以想出比我给你的这个更好的意义的。”

“真的吗？”提娅有点不相信。

瑟琳娜说：“当然是真的了。而且，我也建议你以后能够做到不断地给自己所认知的事物重新定义其意义。”

“啊！？”提娅睁大了眼睛看着瑟琳娜。

于是，瑟琳娜又在纸上写了几行字。

将痛苦化为积极意义的步骤：

（1）将否定语言变成具体可行动的语言。

（2）将行动的着力点由关注范围变成可影响范围。

“其实，无力感很大程度上是因为当事人的注意力都放在了无法改变或是无法控制的事情上了。”瑟琳娜解释道。

“能具体解释一下吗？”提娅忙问。

“好！我们先看第一步。”瑟琳娜说。

（1）将否定语言变成具体可行动的语言

“你应该记得，那天你跟我讲什么旅游。而我当时说我根本就没有从你的言语中找到有关突破当下困境的话。对吗？”瑟琳娜引导道。

提娅想了一想，点点头说：“我记得。”

瑟琳娜说：“其实，你在当时否定很委婉。而不想面对目前工作的意思还是在的。”

“也是呀！我当时真的不想工作了。”提娅点点头。

“对！就这个‘不’字让你茫然失措。”瑟琳娜说。

提娅有点惊讶，忙问：“这是为什么呢？”

“因为**我们的大脑根本就听不懂“不”这个词。**”瑟琳娜严肃地说。

“能举个例子吗？”提娅说。

瑟琳娜轻声说：“好！你听着。你现在不要去想一只蓝色的大象，你不要去想一只蓝色的大耳朵的大象，你不要去想一只蓝色的大耳朵的粗粗腿的大象。”

瑟琳娜将大象的体征越来越详细地描述，而提娅则感觉自己不自觉地在大脑中构建出一只大象的样子。

“哦！我脑子好像出现了一只蓝色的大象。”提娅说。

瑟琳娜点点头说：“对！所以，你首先得把否认的注意力调整到想要改变的事情上，哪怕这个事情让你感到无从下手。”

注：有些人可能多重复几次才会有感觉。

虽然有了点感觉，但提娅还是感觉有点迷茫。

“感觉好难呀！”她说。

“感觉难不一定真的难呀！”瑟琳娜提示道。

“我们来看第二步吧！”瑟琳娜将话题引到了下一步。

（2）将行动的着力点由关注范围变成可影响范围

“我先告诉你一个很重要的内容：影响圈和关注圈。”瑟琳娜说。

于是，她又在纸上画了一张图。

影响圈与关注圈

“你需要做的是，从影响圈着手，扩大它，从而一步步去影响关注圈。”瑟琳娜说。

“虽然你改变不了一个人对你的态度，但你可以通过改变自己的言谈和行为为影响对方争取更多的可能。虽然，你改变不了整个公司的发展，但你可以通过完成好你自己的工作，从而获得更多人的理解，再不济也可以获得一个好心情。”瑟琳娜补充道。

“嗯，也就是最终落脚的行为，是那种做了就比没有做要好，对吗？”提娅若有所悟。

“对！而且是在风险你可接受范围内的。”瑟琳娜肯定道。

提娅有所明白了，说道：“哦！然后再一步步靠近自己想要影响的区域。对吗？”

瑟琳娜说：“对！你只能去力争创造可能，但是否能行得通不是你能说了算的。”

提娅有所领悟地说：“嗯，反正做了也比没做要强。为什么不做呢？”

“对！”瑟琳娜莞尔一笑：“只要成长了，新的景象才会不期而至。记住！**专注力最主要的功能是排除信息。**定义越狭隘所能意识到的就越少，但越方便去处理；定义越宽泛，所需要处理的信息也就越多。所以，**找到一个合适的度就显得非常重要。**加上每个人所处的环境和地位等因素的不同且不断在变化，所以为了更高的效率，及时更新定义就显得特别有必要。”

提娅感觉还是很迷糊。她实话实说：“我感觉好难呀！”

瑟琳娜温和地说：“不要紧，这我以后会慢慢告诉你的。”

瑟琳娜的样子让提娅安心很多。于是，她再也没有追问。

“很多人都误以为专注力是可以通过理性控制的。但其实它**跟生物学和心理学关系更大。**”瑟琳娜接着说。

“可是，我看到的很多书本上都说人是理性的呢？”提娅提出异议。

“你得看这些观点很多都是产生于20世纪早期，那是的生产方式和现在有很大的不同。”瑟琳娜回道。

“好像是呀！”提娅愣住了。

“我来说吧。那时流行把生产任务分割成小块，然后分配给每一个工人。这有很多好处：降低员工的硬性要求、方便管理、方便追踪、规避生产中的一些风险（比如员工离职），等等。但矛盾的是：**人是难以忍受长期集中在一项简单并且无限重复的工作上的。**”瑟琳娜解释道。

“这确实。但这是为什么呢？”提娅问。

“因为**专注力本身不是机械的，不那么理性，而是受很多非理性因素影响。**”瑟琳娜说，“而这些非理性的因素的来源，就非得涉及我们的生物起源。”

这个拓展把提娅吓了一跳！

“瑟琳娜姐姐，你不会要讲达尔文的进化论吧！”提娅说。

瑟琳娜语重心长地说：“提娅，你应该知道，人类文明史相对于整个生物进化史，实在是太短暂了。”

看来提娅猜对了，她认真地看着瑟琳娜。

“不过，人却在较短时间内创造出了非常多的改变。这是因为人在不断地适应和改善的结果。但人的身体和一些功能却没有那么好的跟上这样的改变。”瑟琳娜说。

“你的意思是不是说：如果靠大自然的进化，可能需要几千年、几万年？”提娅努力地使自己的思路往上靠。

“对！其实不谈那么远。就这二十几年，我们生活的环境变化就很大。”瑟琳娜继续说。

“嗯，很多方面也越来越方便了。”提娅点点头。

“但也正因为如此，生活、工作规则在这二十几年发生了巨大的变化。”瑟琳娜继续说道。

“是呀。变化实在是太大了。”提娅感叹道。

“但无论怎么变，我们的内在机制还是以动物成分居多。”瑟琳娜指出了不变的方面。

补充知识

尽管人类博学多才，可他仍然是一种猿类；尽管他获取了高尚的动机，可是他并未丢掉自己更为土气而悠久的动机。这常常使他害羞难堪，可是他岁月悠悠的冲动伴随着他已有数百万年的时间，而他新近获得的冲动至多不过才数千年之久。

而且，如果他想挣脱整个进化史中积累的生物遗传，那是没有希望迅速办到的。只要他正视这个事实，他的忧虑就会大大减少，他的欲望就更能得到满足。

——德斯蒙德·莫里斯（《裸猿》）

提娅问："那我们是不是只能接受了呢？"

"那是当然。"瑟琳娜很肯定。

提娅有些茫然了。

瑟琳娜继续说："不过，**当然人陷入重大焦虑时，专注力是会严重受损的。而这个时候，你首先需要做的是放松和接受。而不是刻意要求自己与从前一样。**"

"你说的是不是像音乐、运动、瑜伽、旅游、找人聊天这些让人感到放松的方式？"提娅问。

瑟琳娜点点头："对！其实，还包括我之前给你讲的呼吸法。"

"对！我在坚持。"提娅眼前一亮。

"加油继续练习吧！如果你想对上述内容加深了解，建议你去找一找相关书籍。"瑟琳娜鼓励道。

8. 我们的局限

为了更好地了解瑟琳娜所提出的内容，提娅专门找了相关书籍来看。

压力伴随着大脑生存反应机制的启动而产生。

数千年来，人类的结构导致我们本能地追求生存。

当人感受压力，大脑里“或战或逃”的身体机能已经觉察到了危险。

这种选择往往是无意识的，因为如果我们每次都要思考是迎战还是逃离，就会失去宝贵的决胜时间。

所以相较于发展和分析，**大脑的主要功能是迅速做出反应**，保护我们脱离危险。

但是，我们的大脑还是进化到可以在面临危险时**启动非紧急功能**。

身体的非紧急功能就是我们的消化功能、免疫系统、细胞修护，还包括更高级的大脑功能如批判性思维等。

只是没有经过后天的强化，人还是本能性的选择最原始的功能。

在原始社会，人的压力持续的时间都很短暂。而且，适量的压力反而有利于人们状态的提升。

但是，人不能长期生活在压力中。长期的压力会让身体所需的非紧急功能不断耗损，长此以往会对人的身体造成严重危害。

压力的十大来源

（1）儿童时期的精神创伤；

（2）挚爱的去世；

（3）离异；

（4）经济；

（5）工作；

（6）健康；

（7）个人情感；

（8）孩子长期生病；

（9）怀孕；

（10）危险，即对常人而言任何不合常规的危险事件。

与压力相关的情绪及状态

（1）沮丧；

（2）沉迷于烟酒；

（3）一事无成；

（4）笨手笨脚；

（5）容易被小事激怒、态度恶劣、容易挑事；

（6）不在状态；

（7）不能放松，心里有事；

（8）大脑一片混沌；

（9）不知所措；

（10）过于忙碌；

（11）只见树木，不见森林；

（12）时刻“备战”——即使效率低下，也要瞎忙；

（13）感觉自己在不停努力，但不知所为。

“看来想要本质提升我的注意力，是需要从解除压力入手呀！”提娅心想着。于是，她整理了一篇心得。

提娅的心得

脑神经学家约翰·梅迪纳说过：大脑最在乎的就是安全。不是刺激也不是训练。

自然健康的食物、充足的睡眠、良好的人际关系、浓厚的兴趣，这些都是大脑非常重要的养分。

让大脑感到安全，这是对它最重要的保护。

因为这可以避免它过度的开启生存反应机制，减少对身心的破坏。

接着，她把自己的心得发给了瑟琳娜。

提娅：瑟琳娜姐姐，这是我的读书心得。

瑟琳娜：好认真呀！正好，我这里也有些资料要发给你。

知觉、专注力、行动之间的关系

知觉在信息达到人的大脑中通过“意义”这道门槛并刺激潜在的行动时，才形成注意力。

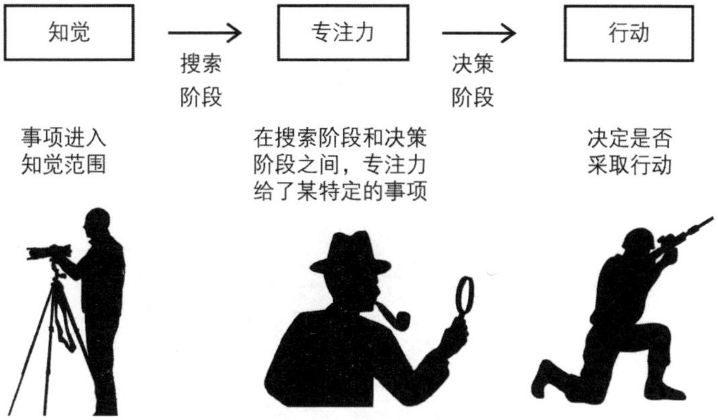

知觉、专注力、行动之间的关系（详细）

当各种信息进入意识范围，我们会关注其中特定的一条，然后决定是否采取行动。

提娅：虽然说专注力又称注意力，但我总觉得这两者有什么不一样。

瑟琳娜：我也是这么觉得的，所以特意也查了一些资料，结果发现：**专注力是属于个人意识可控的范围，而注意力则是指的个人意识到的范围。**显然，**注意力比专注力的范围要宽泛得多。而专注力只属于注意力很小的一个部分。**

提娅：那是不是可以理解为，**在不安全或者我们大脑觉得不安全的环境中，我们的身体会自动地把大量的能量用到抑制原始逃跑本能之中，从而使得内耗过大，无法给更多方面提供足够的能量，比如专注力。**

瑟琳娜：理解得非常好！不愧为培训师。

提娅：身体的能量不仅会提供给逃跑机制的抑制、专注力、思考等，还会提供给人体的免疫等系统的自我更新和成长等诸多方面。

瑟琳娜：对！其中**大脑最重视的方面就是生存。**当大脑感觉到生存都出现重大问题了，也就没有什么精力顾得了其他。而这些范围比注意力的范围还要大，也就是潜意识的范围了。

提娅：我记得一些心理学资料上提过，意识就像一座冰山，而人所能意识到的只是冰山露在水面上的那很小的一部分，这部分称为显意识；而那些没有露在水面上的大部分则被称为潜意识。

瑟琳娜：是的，潜意识的力量比显意识要大得多。

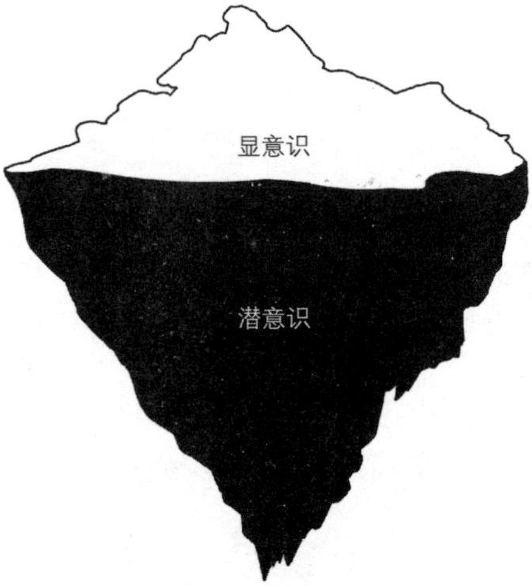

显意识与潜意识的关系

瑟琳娜：那你就先试着从可控的方面获得更多能量吧！就像以前所提到的**个人可掌控自我的四个方面：体能、思维、情绪、意志力。**其中门槛最低的就是体能。只需要改变一下睡眠或者饮食就可能有所突破。

小贴士

什么是体能？

这里所讲的体能又称体适能（Physical Fitness），是指人体所具备的有充足的精力从事日常工作（学习）而不感疲劳，同时有余力享受休闲活动的乐趣，能够适应突发状况的能力。

提娅：那我就从睡眠开始吧！

于是，瑟琳娜又给她发了一个小贴士。

小贴士

获得高质量睡眠的必要条件

睡前 4 小时前，不喝咖啡、茶之类使人兴奋的东西;

尽量不喝酒;

放松后再睡觉（呼吸法、写下来）;

睡前不工作和上网;

不要服用安眠药;

不在睡前运动;

累了就休息;

养成有规律的放松（洗澡、听音乐等）。

之后提娅的实践虽然有些小波折，但总体上进行得很顺利。

提娅：我昨天又 11 点以后睡了。

瑟琳娜：没事，只要第二天准时起床，中途简单打个盹也没什么。再坚持几天就好了。

好在那几天提娅没有什么工作上的困难。虽然刚开始有点不适应，但几天过了就好了。

为了取得更好效果，提娅在睡眠前也适当采取呼吸法进行放松。就这样，她坚持 2 周以后，睡眠就变得有规律，且质量也提高了。

作者体会：高质量的睡眠比饮食更能够让人感受到体力的恢复。

渐渐地，提娅察觉到了自己的另外一些变化。比如：**觉察变敏锐了。**

在面试中，提娅可以看到面试者紧张会有很多微表情。以前她只是知道，而现在有点明白了。

“这可能就是坚持下的意外收获吧！”提娅心想。

提娅的笔记

1. 寻找捷径的偏好，是我们千百万年前祖先给我们留下的宝贵遗产，只是在现代社会中往往不是那么有效。即使短期内有效也难以长久。

2. 专注力 / 注意力最主要的功能是排除信息，将关注清楚地集中在某事物上，避免了信息的堵塞而错失行动的机会；但也导致了盲区。对目标越集中，所表现出来的盲区也就越严重。

3. 大脑是天然的知道优先把注意力分配给最重要的事情，而这个选择依据并非良好的愿望或政策。其中最关注的是关系到生存的事。

4. 如果你想让自己更优秀些，就需要驯化自己内心中的那只“猿猴”，让自己能够克服人本能上的不足。而如果你想让自己在面对他人更顺畅些，那就要多体谅对方，顺着接受本能，按照规律跟对方进行互动。

9. 生存：大脑最重视的问题

“真的感谢你，我的确实状态好多了。”提娅将自己近期的变化告诉了瑟琳娜。

“哪里，我觉得这还是和你的努力有很大关系。”瑟琳娜笑道。

“你这一夸，把我弄得都不好意思了。”提娅说。

瑟琳娜认真地说：“不是夸而是事实。说真的，呼吸法我教了不少人，但能够像你这样坚持下来的人不多。”

“难道是他们没有感受到效果吗？”提娅问。

“不是，有一部分人觉得效果来得比自己想象的慢，他们想找捷径。这从某个角度来说是一种天性。”瑟琳娜严肃地说。

“天性？”提娅惊讶了。

瑟琳娜点点头说：“对！这种寻找捷径的偏好，是千百万年前我们的祖先留下的宝贵遗产，只是在现代社会中往往不是那么有效。即使短期内有效，也难以长久。”

“那照你这么说，是不是很多有关人的非理性问题，都可以用这种理论解释？”提娅努力地跟上瑟琳娜的思路。

瑟琳娜点点头说：“在一定程度上可以这么说。但还有很大一部分来自个人成长过程中的心理建设。目前我先和你单谈前者。”

“好吧！那还是回到专注力这个事情上吧。”提娅说。

“你应该还记得，以前给你提到的专注力最主要的功能是排除信息。这是一项**非常有利于动物野外生存的模式。**”瑟琳娜将提娅的思路再次带回到原先的话题中。

“记得！”提娅点点头。

瑟琳娜笑道：“我们天生就会。将注意力清楚地集中在某事物上，从而忽略一切无关的事。”

提娅忙问：“为什么会这样呢？”

“因为这是一项非常有利于动物野外生存的模式，这可以避免信息的堵塞而错失行动的机会。”瑟琳娜解释道，“但付出的代价就是——会形成意识盲区。”

“嗯，就像我之前过度执着于要做培训工作的情况一样吗？”提娅问道。

“对！但存在就有一定的道理。这种限制虽然有盲区，但面对接触的海量信息，大脑必须有所取舍。具体表现就在于忽略不关注的，将有限的注意力放在关注的内容上或者对一些信息延时处理。”瑟琳娜继续说。

“也是，要是什么信息都马上处理，大脑也受不了。”提娅回应道。

“是呀！是一种妥协。毕竟大脑是人体中最耗能量的器官了。”提娅的观点得到了瑟琳娜的认同。

小贴士

人的大脑重量约为体重的3%，消耗的氧却占吸入量的20%，消耗的热量约占摄入食物量的30%，循环的血液占15%。

如果事情复杂，大脑会自发地启动自我保护机制，避免局部过热。这时，人的感受往往是发晕、发懵或者头疼。

“因为**大脑天然的知道优先把注意力分配给最重要的事情，而这个选择依据并非良好的愿望或政策。**”瑟琳娜继续解释道，“**因为大脑最关注的是关系到生存的事。**”

“嗯，就像上次所说的，**大脑最在乎的是生存。**”提娅点点头。

“是的。一旦这些最基本的需求得到满足，我们的注意力才会转向不那么紧迫的事情上，比如社会交往、学习和创造。”瑟琳娜夸赞道，“其实这种注意力优先的安排顺序，放在原始社会也是成立的。”

提娅笑道：“我算是明白专注力或者说是专注力不好控制的原因了。感觉它真的很原始。”

瑟琳娜点点头说：“嗯，就像我们大脑里住着个“猿猴”，非得按照规律与其合作，而不是使用蛮力。”

“也就是不要从逻辑的角度考虑它，而是从生物的角度考虑它，对吗？”提娅试着用自己的语言来表达。

瑟琳娜点点头说：“对！在这里送你一句话：**一个人是改变不了另外一个人的，除非这个人愿意。**”

“严于律己，宽以待人，对吗？”提娅试着理解。

“对！如果你想让自己更优秀些，就需要驯化自己内心中的那只“猿猴”，让自己能够克服人本能上的不足；而如果你想让自己在与他人交往时更顺畅些，那就要多体谅对方，顺着接受本能，按照规律跟对方进行互动。”瑟琳娜点点头。

“也就是从管好自己着力，而不是苛求去影响他人，对吗？”提娅问。

“对！不过这句话说起来容易，做起来可就难了。但开始努力了就是进步。”瑟琳娜说。

“我会加油的！”提娅说。

后来，她将这次的收获做了个整理。

10. 本章小结

专注力，也称注意力，就是对某**特定**信息的**精神**集中。

知觉在**信息**达到人的大脑中通过**"意义"**这道门槛并刺激潜在的**行动**时，才形成**专注力**。

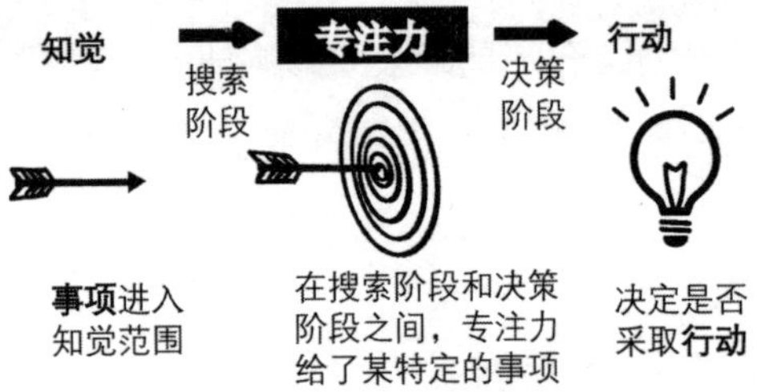

小结图 -1

专注力最主要的功能是**排除信息**，因而产生**盲区**。

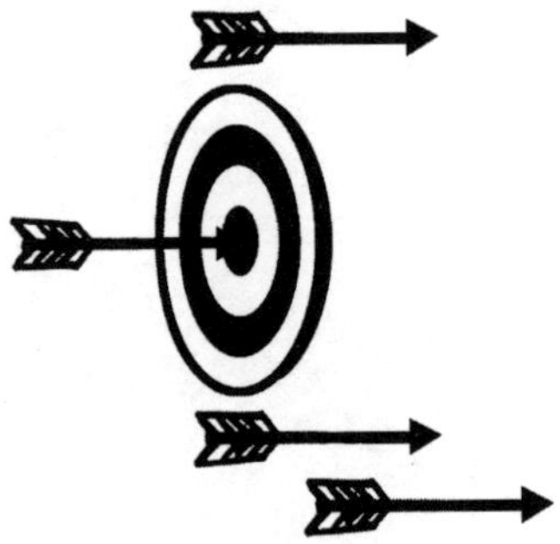

越专注产生的盲区越大

小结图 -2

将痛苦化为积极意义的步骤

1. 将否定语言变成**具体可行动**的语言。

NO ⟶ YES

2. 将行动的**着力点**由**关注**范围变成**可影响**范围。

小结图 -3

让大脑感到安全，这是对它最好的保护

小结图 -4

第2章

不断改善

专注力的提升是需要不断巩固的。与此同时，需要建立一套新的认知体系。

如何进一步巩固？需要增加什么知识？

本章将会详细来讲。

1. 小时候的幸福

节日走亲戚是件常事，提娅一家来到了她的四叔家。

四叔有个 5 岁的儿子，名叫小点点。

“妈妈，过节真不好玩！”小点点抱怨道，他不喜欢家里来这么多人。

于是，亲戚们都试着逗他，可是小家伙不吃这套，躲到窗帘后面怎么也不出来。

提娅用心打量着屋内的装饰，发现好几面墙上都有小家伙画的画，装裱在画框里，十分精美。

“看来，他很喜欢画画。”提娅似乎发现了契机，于是她决定试一试。

提娅要了纸和笔，画起画来。而此举引起了小点点的注意。

“我画画的水平应付你绰绰有余。”提娅心想。

不一会儿，他们就因为有了共同的话题变得亲近了起来。

小点点可高兴了，拉着提娅转来转去，叽叽喳喳地介绍着自己的作品和玩具。

“小家伙其实非常渴望有人懂他，懂那个真实的他。”提娅心想。

“你真厉害呀！他可是一直都不理外人的。”小点点的妈妈对提娅的表现非常满意。

“没什么，我只是碰巧会画几笔罢了。”提娅礼貌地回答。

小点点的妈点头一笑，就赶紧去忙别的事了。

回到家，提娅感叹孩子的纯真：“小孩子就是这么真实。因为真实而容易快乐。”

画画曾经是提娅最大的爱好之一。她依稀记得那时的她是尽情投入的，非常开心。

她突然想要找回这种美丽的感觉。于是，她在文具店买了不少绘画工具，开始享受这种放松的感觉。

“虽然专注度不如以前，但购买力比以前要强多了。”提娅想着。

在这个小天地里，她找回了几分小时候的快乐。

2. 换个方式做计划

但没过几周，提娅的平静生活就被打破了。

不仅工作量一下子增加了好多，另外本周的新员工培训有两个校区总监，因此还得重新修改一下培训的内容。

“这样下去，我好不容易捡起来的爱好会不会面临中断呢？”提娅心想。

于是，她找瑟琳娜询问。

“这肯定是先要顾及工作呀！然后，你在其中去寻找简化的契机，从而让你的爱好能够继续保持。”瑟琳娜回答。

“我觉得好难呀！”提娅有些犹豫。

“但这个挑战你必须面对，因为不这么做，损失会更大。”瑟琳娜坚定地说。

“但我还是觉得头有些发蒙。”提娅说出了自己的感觉。

“正常呀！因为人脑本身就有很多局限。”瑟琳娜笑道。

她在纸上写下了如下文字。

人脑的局限：

（1）更容易关注眼前而且具体的目标；

（2）一般人一次只能专注于一件事；

（3）人脑天然的不理解“不”；

（4）注意力受时间和环境的局限。

“好像有点明白，但我还是不知道如何做起。”提娅为难地说。

“你之前不是列了清单吗？”瑟琳娜问道。

“是的。但感觉有些不够用了。因为事情多，变化也多了。”提娅回道。

“那你为什么不用思维导图来做计划呢？”瑟琳娜问。

“能具体说说吗？”提娅问。

瑟琳娜问：“你日常需要做的事情大体可以分为几类呀？”

“也就是工作、生活、爱好三样罢了。”提娅回道。

“你工作类需要做什么事情？”瑟琳娜问。

“应该是招聘、培训、其他事务这三类。”提娅说。

于是，她们整理出工作、生活、爱好三方面的内容。并制订出了如下计划。

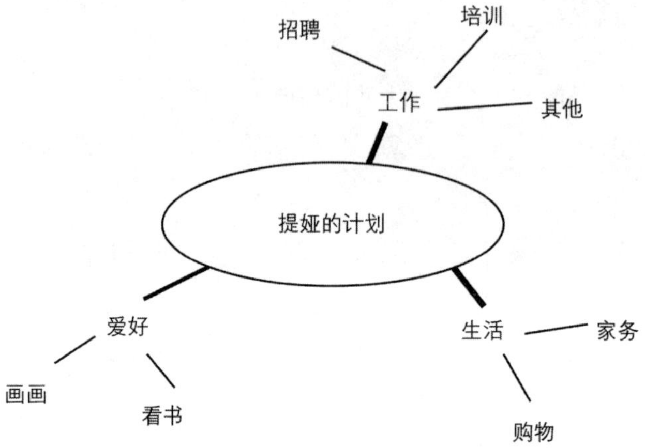

提娅计划 -1

“接下来，再在下面写下具体的事情，直到可执行为止。”瑟琳娜提示道。

于是，计划得到了进一步的完善。

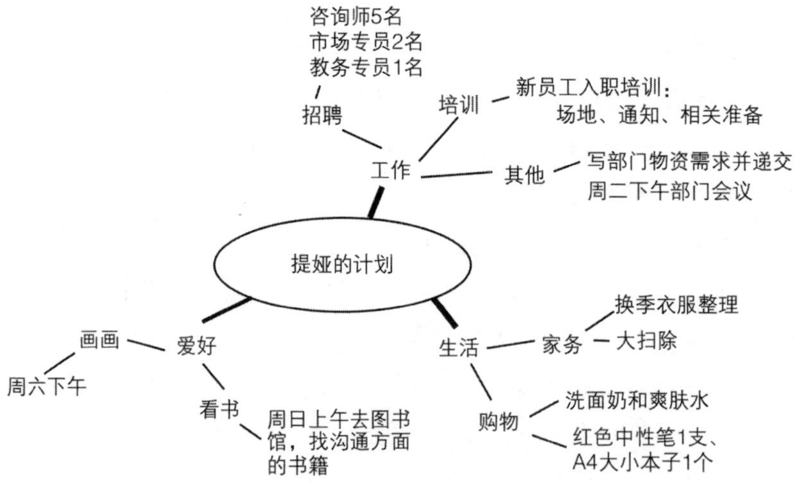

提娅计划 -2

“这种清理思维的方式，我喜欢！”提娅感叹。

“之后，你就可以做完一个就在相关内容上打钩。”瑟琳娜笑道，“用思维导图做计划，还有一个好处是能承受一定程度的修改。增加或者减少一两个项目，对页面的美观影响不大。”

“好像是呀。”提娅点点头。

“而且，这是用类似于图的形式展现的。所以，人在观看的时候会觉得比看纯文字舒服多了。”瑟琳娜说，“再用符号标注了事情的重要顺序，这样你在各种事情难以兼顾时，可以适当放弃一些后面的事情。”

“方便取舍对吗？”提娅问。

“对！”于是，在瑟琳娜的引导下，提娅做成了一张思维导图形式的时间管理计划。

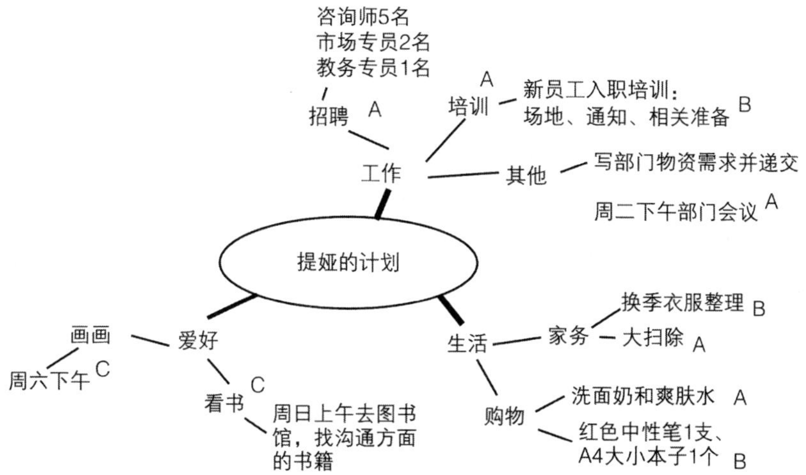

提娅计划 -3

小贴士

为什么思维导图那么有效

1. 人对图像的记忆和注意程度远远大于文字。
2. 人对待事物的归类和提取的方式是采取联想式的。
3. 省略了因语言组织而浪费的时间，避免昏昏欲睡的情况。

小贴士

想要更加详细地了解，可以去看我的另外一本书《思维导图：超好用的时间管理法》。

小贴士

思维与思维导图

思维最初是人脑借助于语言对客观事物的概括和间接的反映过程。思维以感知为基础又超越感知的界限。它探索与发现事物的内部本质联系和规律性，是认识过程的高级阶段。

思维导图是一项流行的全脑式学习方法。它能够将各种点子、想法以及它们之间的关联性以图像视觉的景象呈现。它能够将一些核心概念、事物与另一些概念、事物形象地概念组织起来，输入我们脑内的记忆树图。它允许我们对复杂的概念、信息、数据进行组织加工，以更形象、易懂的形式展现在我们面前。

之后，在这张计划图的指导下，提娅的执行顺利多了。

“比传统的清单方式清晰灵活多了。可以及时决定任务的增减，而不影响大体的进度。”提娅感叹，“至于查看方面，可以说是**一目了然！**”

至于培训，这是提娅擅长而又熟悉的领域，所以进行得很顺利。只是整个培训过程中，史蒂夫总监全神贯注，而皮特总监在培训上一直紧锁着眉头。但提娅没有精力顾及那么多。

使用了新的计划方式之后，提娅发现自己的工作和生活质量又有了提高。

“有了记录和跟踪，感觉踏实了好多。”她心想。

渐渐地，她发现自己不仅完成工作爱好两平衡，内心的焦虑也少了很多。于是，她决定之后的计划尽量采取思维导图的形式。

而且，在执行的过程中，提娅感觉自己的自信心增强了不少。

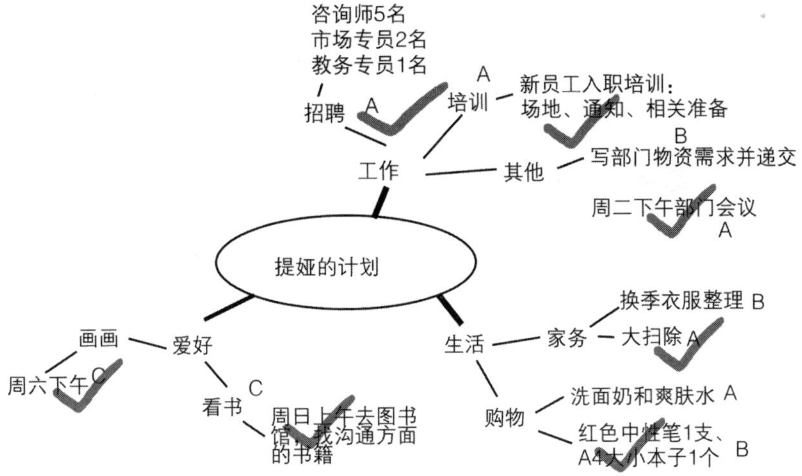

提娅计划 -4

提娅：“我感觉自己的自信心好像增加了不少。”

瑟琳娜：“对！自信心本来就是建立在正面的行动反馈上的。”

提娅：“也是呀，如果没有事实支持，谈信心真的有些底气不足。”

提娅心得

思维导图制订计划的优势：

1. 方便联想。

2. 层次清晰。

3. 能够承受一定的修改。

3. 我们的感知渠道

正巧，两周后是提娅一个亲戚的婚礼。在那里，提娅和小点点再次相遇。

婚礼上，大家都喜气洋洋的为新人祝福。但对于小点点来说并不是什么开心的场合。

“吃一口嘛！乖！”小点点的妈妈在照顾小家伙。

“不吃不吃，我就不吃！这里太无聊了，我要回家！”小点点挣扎着。

“乖！一会儿妈妈给你买玩具。”小点点的妈妈说。

“我就要回家！”小点点表现得很坚决。

“你这孩子怎么这么不听话！”小点点的妈妈变了脸。

批评和诱惑是大人对孩子常用的招数，但此时好像不管用。

而此时，提娅捕捉到了小点点讲的**“无聊”**这个词。

“他会不会觉得待在这无事可干，所以才想走。”提娅心想。

她想起了上次用画画打动小点点的经历。

“或许可以用手工制作的办法让他开心。”提娅准备用自己比较擅长的手工来破破局。

事实证明，提娅的想法是对的。当她拿出一张纸折出一条小船后，小家伙的眼睛就目不转睛地盯着看。于是，提娅手把手地教他制作了一个自己的小船。

很快，点点开始变乖了，接着吃完了饭。

散席后，小点点的妈妈又跟提娅道了谢。

“没什么，我只是想到自己小时候也是这样的。孩子嘛，其实就是希望有人陪着玩。”提娅客气地说。

“说真的，大人也是呀！只是这个小家伙越长越大，我也就越来越摸不清楚他真正喜欢什么了。”小点点的妈妈感叹着。

“哪里，我也只是看到他的作品，推断他可能是一个喜欢画画和手工制作的孩子。结果还真猜对了。”提娅说。

“不过，我觉得更重要的是你愿意放下身段跟他玩。”小点点的妈妈提出了自己的看法。

“哈哈！因为刚好我也喜欢玩呀！”提娅笑道。

说完，他们就此道别。

“难道人与人之间有共通的密码？”提娅有了新的疑惑。

于是，她把这个事情又告诉了瑟琳娜。

“哈哈！就你对思维导图喜爱的程度，以及你和小点点的互动来看，你们都是视觉型的呀！”瑟琳娜提出了自己的见解。

“什么是视觉型呀？”提娅问道。

“这个分类来自 NLP。”瑟琳娜说。

小贴士

什么是 NLP

NLP（Neuro-Linguistic Programming）的中文名称为神经语言程序学，也叫身心语言程序学。

N——神经系统；

L——语言，是指从感觉信号的输入到构成意思的过程；

P——程序，也就是完成一件事的技能和策略。

NLP 创始人是约翰·格林德和理查德·班德勒。

NLP 发现人类和外界联系有三种基本方法，也叫沟通模式：

——视觉型（看世界）；

——听觉型（听世界）；

——触觉型（感受世界）。

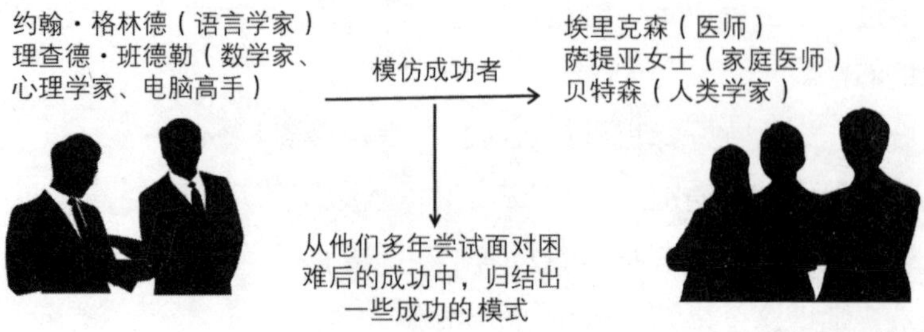

NLP 来源关系图

“我是视觉型的，但我还是会听会去感觉呀？”提娅提出了自己的异议。

“是呀，这并不表明你不会其他的几种呀。”瑟琳娜回道，“我们的**大脑会随着外界刺激而自动在三种方式中不断“游走”，不过我们都会有一个优先采取的方式，而这也是让人能乐在其中，感到舒畅的方式。**”

“这也就是为什么小点点和我在一起感到开心的原因了。”提娅笑道。

“是的。你读懂了他，并在有意识地跟他采取同一种频率交流。让他放下戒备，打开心扉，所以之后的建议他也就接受了。”瑟琳娜回答。

“其实，我也谈不上懂他。我只是知道做自己喜欢的事，可以很开心。”提娅不好意思地说。

“开心当然好呀！可以让人放下压力，全身心的感受周围，成为一个更好的自己。”瑟琳娜说，“到时，你的专注力和精力都会更好。但其中你还有不少路要去走。”

“不要紧！我愿意！”提娅诚恳地说。

“好！我要的就是你这句话！”瑟琳娜说，“那我们还是先了解人获取信息的三种类型吧！里面有打开心门的捷径。”

于是，瑟琳娜拿出了一些资料给提娅看。

视觉型：

视觉型人爱用的谓语有：看见、看来、展示、想象、模糊、清晰等视觉词语。因为他们在看自己脑中的图像。

比如：“看看！这里的景色有多么美！”

沟通秘诀是：不要光说，要展示，让他看到。

听觉型：

听觉型人爱用的谓语有：听到、听说、听来、请问、一些声音描绘词，等等。他们容易被外来声音影响而分神。

比如：“不错！周围很安静，可以好好听听音乐了。”

秘诀是：让他们听到权威意见、音乐、有韵律的东西等。

触觉型：

触觉型人喜欢用的谓语有：感到、捉住、抓紧、溜走等。

比如：“这里的气温让人感觉真舒适！”

他们大都经常望向右下方，接触自己的内在感觉。

秘诀是：让他们接触到或者拿着一些东西。

4. 提高放松效率的法宝：次感元

提娅把压力的相关内容又看了一遍。突然，她有了一些新想法："有没有可能是因为大脑无意间处理了一些不必要的信息，从而影响了效率，以及专注效果呢？"

提娅的成果让瑟琳娜很惊讶。

"你说得很对呀！要提高专注效果，一方面要增加相关因素（能量提升、被觉察、处理效率更高），而另一方面也要减少不必要的损耗。"瑟琳娜说。

"我是从你以前讲的压力知识中想到的。就我的感觉是：呼吸法的作用可能不止给大脑提供更多氧气这一个方面。"提娅不好意思地说。

"对！另一方面，它也在关闭你的一些大脑程序。"瑟琳娜点点头。

"电脑程序我知道怎么关，但大脑好像不一样。"提娅提出了自己的异议。

瑟琳娜解释道："就**大脑的天然属性来说，真的很难做到自己说关就关的。**但只要你**把注意力集中于某一件事情，就可以关掉一部分，为大脑的腾出一点休息的空间。**"

"所以，呼吸法不只是单纯的感知身体，也是一种变相转移注意力，对么？"提娅补充道。

"是的。加上**人的神经元之间的通路是越走越强壮，也就越快，**所以我当时强调你一定要坚持。"瑟琳娜认同了提娅的看法。

提娅笑道："好像是的。坚持之后，习惯成自然，就轻松多了。"

瑟琳娜说："如果你想让放松效果更好，我在这里再介绍一套方法。"

"一套？这么多呀！"提娅感叹。

瑟琳娜解释道："就是在呼吸法的基础上加上次感元的元素。更准确地说是一个系统。"

提娅发现了一个自己不懂的名词，忙问："瑟琳娜姐姐，什么是次感元呀？"

瑟琳娜说：“要了解次感元，得先了解感元。”接着，她发了一个资料给提娅看。

感元，即“表象系统”，是 NLP 的术语之一，分别是人类运作的六种感元（一般分为五种），是人们行为运作的幕后操手，也是 NLP 用以解读个人行为策略及引导技术的基本元素。

表象系统分列如下：

视觉表象、听觉表象、触觉表象、嗅觉表象、味觉表象。

“之前，我给你提到人接受信息的偏好为：视觉、听觉、触觉，而没有提后面两种。”瑟琳娜补充道，“那是因为在 NLP 的提出是在美国，这种表象是当地文化少用的表象，所以对人类行为也属于次级的影响，当然这得视情形而定。”

“嗯，确实在我们日常生活中，能够通过嗅或者尝感知的事物比看听感知少太多了。”提娅认同。

“是的。通过嗅觉或者味觉感知世界的人可能有，但在现代文明中，太少太少了。”瑟琳娜补充道，“至于什么是次感元。你看看这个。”于是，瑟琳娜又给提娅发了一些文字。

什么是次感元？

每一种感元又包含着一些更小要素，那些更小的要素是构成感知和表象的最小单位。因而那些更小要素在 NLP 里被称为次感元。

视觉： 动画或定格、彩色或黑白、亮度、画面大小（是否真人大小）等；

听觉：音量、声调（间断或连续）、节奏、是否变调或为何变调、速度等；

触觉：温度、材质、是否移动、压力、存在时间长短等；

嗅觉 / 味觉：香、臭、酸、甜、苦、辣等。

换句话说，只要某一个表象中的任何一个次感元变化了，那么那个表象就会变化，随之与其对应的感受（神经链）也就会发生变化。

“如果在呼吸法中加入这些变化，效果会成倍上升。不过这往往需要找个不被打扰的地方，闭上眼睛进行。”瑟琳娜说。

接着她给提娅发了一些呼吸法的资料。

呼吸冥想法：

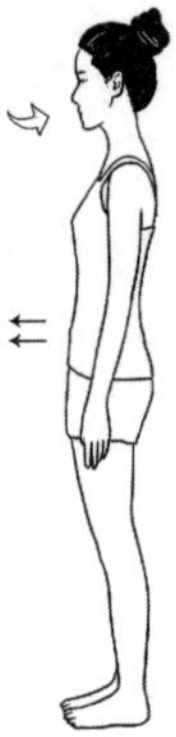

进行前面提示的呼吸放松法。
然后加入想象。

呼吸冥想法 -1

当你越能放松，
想象效果就会越好。

呼吸冥想法 -2

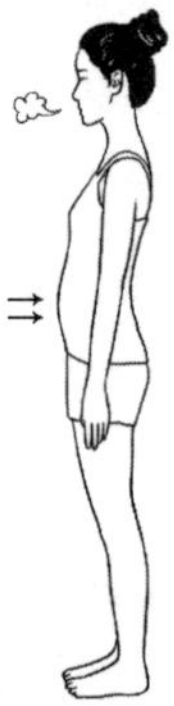

呼出气体，感到肩膀、胸，
直至膈肌等都轻松舒适。

呼吸冥想法 -3

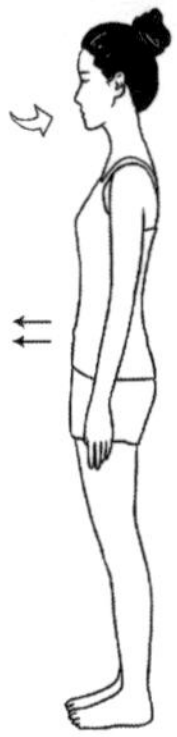

想象吸进的气体
是清新的颜色。
而这种颜色从你
的鼻腔一直染到
你的肺部。

呼吸冥想法 -4

而你的身体也在这
种颜色渲染下变得
越来越光亮。

呼吸冥想法 -5

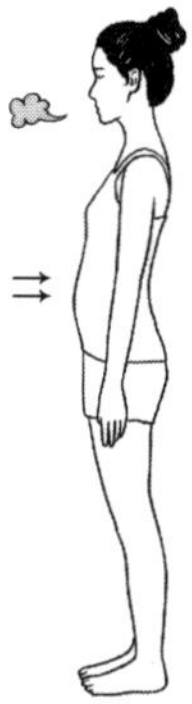

而你呼出的气体是灰
色的，这个气体带走
了你的疲劳和压力。

呼吸冥想法 -6

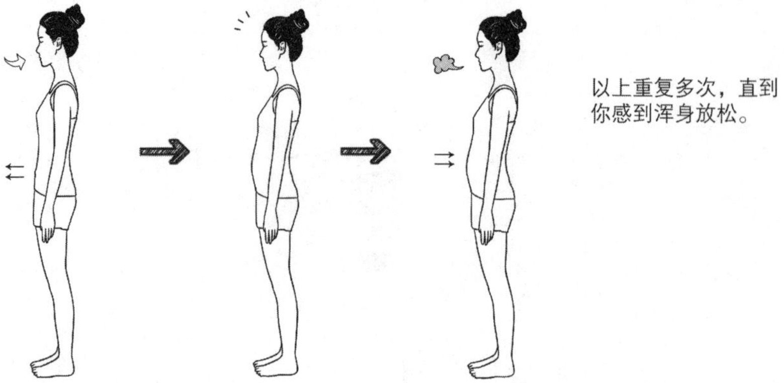

呼吸冥想法 -7

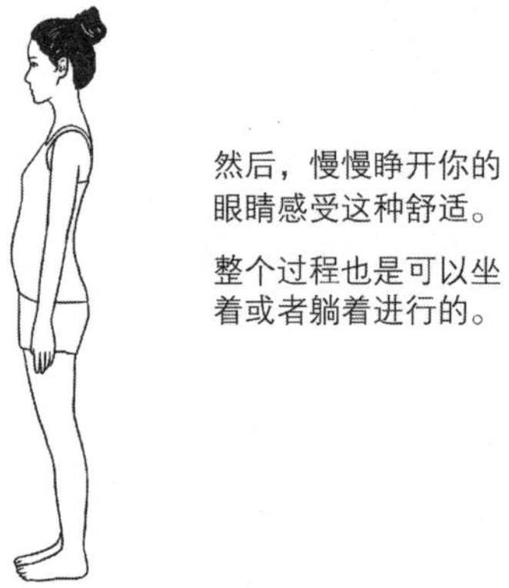

呼吸冥想法 -8

提娅感觉收获满满，回到家后将所学内容做了个整理：

（1）要提高注意力，一方面要增加相关因素，另一方面也要减少不必要的损耗。

（2）就大脑的天然属性而言，大脑程序很难做到自己说关就关的。但只要你把注意力集中于某一件事情，就可以关掉一部分，为大脑的腾出一点休息的空间。

（3）每一种感元又包含着一些更小要素，那些更小的要素是构成感知和表象的最小单位。因而那些更小的要素在 NLP 里被称为次感元。

（4）只要某一个表象中的任何一个次感元变化了，那么那个表象就会变化，随之与其对应的感受（神经链）也就会发生变化。

5. 改变次感元的方法

周末，提娅一个人出去一边闲逛，一边体会瑟琳娜讲的那些东西。

看着公园里明媚的景色，提娅感叹道："雨后洗过的天空就是不一样，蓝得那么清新。"

提娅心想："同样的温度和天气，同一种场景，如果换了季节，感觉完全不一样。在春天，空气给人的感觉是温暖的、醉人的；在秋天，则是心旷神怡的。"

于是，她就这么一边走着一边感受着不同的次感元对内心的影响。突然，一阵浓烈的香樟树的味道飘了过来。一阵酸楚从她的内心涌出。

原来，此地的香樟树开花比较晚，树上米粒般的小花还在绽放。她以为她已经忘记了心中的伤痛，以为自己不在乎。可是，她发现：不是。

脑海中浮现的画面，让她觉得难受。于是她赶紧深呼吸，想让自己放松下来。好在有平时的练习，她感觉好多了。

接着，她赶紧离开。

往事从脑中浮现。虽然提娅一直让自己放松，但她意识到这只是缓兵之计。

于是第二天，她把困惑告诉了瑟琳娜："瑟琳娜姐姐，如果对一事物过度敏感，而影响了思维和专注力，有办法吗？"

"这个得看你想怎么样了？"瑟琳娜回道。

"由于里面的场景和一些事物太常见了。我觉得自己非得积极面对，否则我的影响圈太受局限了。"提娅努力地试着表达。

"有勇气，我喜欢！我先来引导你一下。你先闭上眼睛，慢慢呼吸，放松下来……"瑟琳娜回道。

于是，一场有关提娅的疏导催眠就此展开了。

瑟琳娜先引导提娅想象到那个让她难受的场景。

“如果图像出现了，你就试着把它变小，小得像一张照片那样。”瑟琳娜说，“如果做到了，给我一个回复。”

“我做到了。”提娅回复道。

“好的，你现在把这张图像变成黑白色。”瑟琳娜继续引导提娅将大脑中的图像变模糊，捏成团，然后扔掉。

如此这般以后，提娅感到一阵轻松。

小贴士

这个顺序可以适当调整。

“当你扔完这个之后，有个美妙的声音告诉你：这只是你生命中的一个过程，你会获得更好的。”瑟琳娜说。

之后，她又在这个过程中加入了除视觉之外的元素，巩固了效果。

“现在，我倒数十个数，当我说到“睁开”时，你就可以睁开眼睛了。10、9、8……1。睁开你的眼睛吧！”瑟琳娜说。

就这样，瑟琳娜带提娅几乎完成了整个催眠过程。

小贴士

催眠

催眠是在被催眠者愿意的前提下，催眠师通过语言将被催眠者引导至潜意识开放的状态下，将可以帮助被催眠者达成改变的观念植入他的潜意识，以达到帮助被催眠者改变行为习惯、解决心理问题的目的。

“经你这么一引导，感觉好奇妙。次感元确实对人的情绪有很明显的影响呀！”提娅感叹。

“是呀！我还做了个简单的整理。”瑟琳娜笑道。

视觉次感元：

（1）动画或定格；

（2）彩色或黑白；

（3）亮度；

（4）画面大小（是否真人大小）；
（5）主体大小；
（6）是否身在其中；
（7）与画面之距离；
（8）与主体之距离；
（9）立体画面；
（10）彩色之浓度或黑白之深浅；
（11）明暗之对比；
（12）移动之节奏；
（13）是主角或配角；
（14）观看角度；
（15）画面数目；
（16）观察位置；
（17）其他。
注：越动感、越清晰、越巨大、越是主要角色情绪感觉越明显，反之亦然。

听觉次感元：

（1）音量；
（2）声调（间断或连续）；
（3）节奏（正常或不正常）；
（4）是否变调、为何变调；
（5）速度；
（6）有否暂时休止；
（7）口气；
（8）音质；
（9）声音是否独特；
（10）是否有回音；
（11）发声位置；
（12）其他。

注：听觉越大、越清晰、越独特、越权威、离声源越近情绪感觉越明显，反之亦然。

触觉次感元：

（1）温度；

（2）材质；

（3）是否振动；

（4）是否移动；

（5）压力；

（6）存在时间长短；

（7）是否静止或间歇跳动；

（8）强度；

（9）重量；

（10）密度；

（11）所在位置；

（12）其他 。

注：舒适的温度、材质会让人感觉好，反之亦然。

嗅 / 味觉次感元：

（1）味道；

（2）强烈程度；

（3）持续时间；

（4）方位；

（5）其他。

“能够通过改变这些元素而影响人的感受，我感觉好神奇呀！”提娅说。

“好好运用次感元可以在加强或减弱人的记忆上有明显的效果。不少暗示技巧也建立于其上。比如，记忆法。”瑟琳娜鼓励道。

于是，提娅的心情又好了起来。

6. 单纯改变感知的局限

几天后，瑟琳娜给提娅发了一些信息。

瑟琳娜：提娅，虽然更改次感元、调整呼吸这些方法很神奇，但是有很多局限。

提娅：你指的是?

瑟琳娜：比如身体的健康问题，光靠这种心理调节是不够的。

提娅：嗯。该看医生的就要去看医生，该锻炼的就锻炼。

瑟琳娜：是的。

之后，她们约定了下次见面的时间和地点。

“**这些方法只能起到缓解对现实的不适感**。但想要从**根本上改变这种状态，必须要积极面对现实并做出具体的改变**，否则只会适得其反。”瑟琳娜说，“因为人本能性地会选择最简单最轻松的方法去解决问题。而**面对困难和恐惧时，逃避或者攻击是天然最熟悉的办法。而且，之后还会本能性地为自己的行为进行合理化，也就是找借口。**”

“是不是放弃扩大影响区，而只继续待在让自己舒适的范围里？”提娅问。

“对！这种对信息的处理方式，也是大脑的无奈之举，不一定错。因为人在这世界上实在是太渺小了。我们只能先建立一个虚拟世界，然后通过这种虚拟世界去处理和应对外界。”瑟琳娜点头说道。

“感觉好悲哀呀！”提娅感到一丝迷茫。

“其实，每个人都生活在属于自己的世界里；否则按照大脑的信息处理能力来看会崩溃的。”瑟琳娜安慰道，“但办法还是有的。那就是**要不断升级自己内心的王国。**”

“难道没有一步到位的办法吗？”提娅问。

“这个非常不现实。因为每个人拥有的资源不一样，就像每个国家的国情不一样，需要制定不同的策略。无法一蹴而就。”瑟琳娜严肃地说。

“你能举个具体例子吗？”提娅问。

“比如，婴儿遇到不舒服，最好的办法就是哭。而如果是个幼儿，遇到类似情况，只会哭就不行了。”瑟琳娜说，“而成人不同于婴幼儿，没有那么明显的相关要求。所以成人之间的内在世界的分野就非常大，也就是拥有很多找借口的资格。”

“哦。”提娅听得迷迷糊糊的，但她想听。

“但真实世界毕竟是真实世界。如果一个人能够让自己少一些借口，多扩大一些自己的影响圈，就会发现自我改善远比找借口好得多。因为获得的进步是实实在在的。”瑟琳娜说。

“我会努力的。”提娅回道。

瑟琳娜笑道：“好的，那就先从面对自己的内心纠结开始吧！”

“瑟琳娜姐姐，为什么要从处理纠结开始呢？”提娅提出了自己的问题。

“因为离苦得乐是人的本性，而且**离苦的动力其实是远大于得乐的。**”瑟琳娜解释道，“光是想着自己一次次试探是为了让自己未来的状况比现在好点，就已经给眼前的努力赋予了意义。”

提娅好像明白了些什么，忙问：“瑟琳娜姐姐，你说我小学的那次数学脱困是不是因为当时的我开始赋予了认真面对这门功课以意义了呢？”

“对！应该是的。”瑟琳娜笑着，又给提娅发了一些资料。

小贴士

知觉

“知觉”这个词通常被错误地用来代替“专注”。虽然它们按照心理顺序联系在一起，但这两个术语并非可以互换。

知觉是模糊的、概括的信息，它本身不促使产生任何行动；专注是有目标的、具体的。

重点重复：知觉只有在信息到达人的大脑中通过“意义”这道门槛，并刺激潜在行动时，才能成为专注。

小贴士

知觉是放出去的箭，专注力是靶，而专注是落在靶心上的箭。

“由于你以前只是单纯的让学习的信息进入大脑，并没有正视学习的意义，所以这些信息都没有得到足够的关注而流失了。”瑟琳娜说。

“而解决方法之一就是赋予这个事情以意义，对吗？”提娅忙问。

“对！而且这个意义是要你所认同的。”瑟琳娜回道。

“那我怎么知道，这个是不是我所认同的呢？”提娅问。

“这个就要回归到大部分人觉得难以管理的部分：**情绪，**尤其是负面情绪。”瑟琳娜说，“而这是很多人不愿意面对的。”

小贴士

什么是情绪

情绪是指人有喜、怒、哀、乐、惧等心理体验，这种体验是人对客观事物态度的一种反映。

“其实，情绪原本没有好坏之说。只是带给我们的感受不同，所以我们才会以感受的好坏来定义正面与负面。”瑟琳娜解释道，“从生化的角度来说，**正面情绪**往往使我们的脑细胞释放多巴胺和内啡肽等生化物。这些生化物使我们进入到兴奋、开心、快乐和满足的状态，而且我们会想多次重返这些状态。**负面情绪**使我们的脑细胞释放肾上腺素和皮质固醇。这些生物使得我们身体进入应对威胁的状态中。它的作用是帮助我们摆脱威胁，是生存必需的功能。但长期如此，会引起健康上的问题，而且大脑的运作能力也会打折扣。”

“既然存在都有其合理性，那我们要如何管理它们呢？”提娅问。

“你要知道，需要改善的不是情绪本身，而是产生**情绪的内在解释**。”瑟琳娜说，“就拿考试没考好这件事情来说吧！”

接着，她在纸上画了一张图。

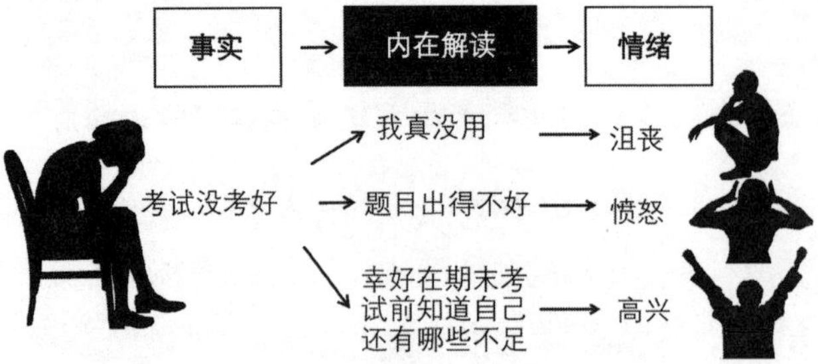

情绪与内在解释之间的关系

“当然，这个解读是好还是坏，是需要以大局以及个人长远发展来看的。而不能囿于正面或负面，这个感觉因素。”瑟琳娜说：“我再给你看点文字，然后你再在日常生活中去多体会。”

小贴士

一些负面情绪的积极意义

愤怒：准备对一个不能接受的情况做出行为的改变。

痛苦：使我们避开危险。

忧虑：把精力集中到自理一件当时最重要的事。

讨厌：需要摆脱或者改变。

悲伤：从失去之中取得智慧去更珍惜尚拥有的。

后悔：找出一个得不到最好效果的做法中的意义。

惭愧：一件表面完结的事尚有需要做事的部分。

紧张：需要额外的能力去保证成功。

踌躇：一些内心价值的定位尚未清晰。

无可奈何：已知的方法全不适用，需要创新突破思考。

困难：觉得付出大于可得到的。

害怕：不甘愿付出自己以为需要要付出的。

“就我的体会，**情绪调节的核心是：依靠一些微妙的技巧，改变对眼前问题的看法，或者通过其他事情转移注意力。**”瑟琳娜说。

“这些微妙的技巧感觉真的很神奇。”提娅笑着说。虽然，她对里面的东西不是都能理解，但感觉还是收获不小。

于是，为了更好地理解这些内容，她又去找了很多书来看。中途，她发现了一个很有意思的技巧：先跟后带。

小贴士

先跟后带

先跟后带是 NLP 技术中用得最多的技巧，是 NLP 系列学问基础中的基础。所谓“先跟”，就是建立亲和感，去肯定和配合当事人的感知或价值观；而“后带”就是引导当事人逐步靠近你所希望的地方。

小贴士

这个过程中，最好在获得对方的肯定后，再进入“带”的阶段。

之后，她又将所学的内容做了整理。

提娅的笔记

1. 因为人本能性地会选择最简单最轻松的方法去解决问题。而面对困难和恐惧时，逃避或者攻击是天然最熟悉的办法。

2. 想要一步到位，升级好自我的内心世界非常不现实。因为每个人拥有的资源不一样，就像每个国家的国情不一样，需要根据不同阶段制定不同的策略。

3. 离苦得乐是人的本性，而且离苦的动力其实是远大于得乐的。光是想着自己一次次试探是为了让自己未来的状况比现在好点，就已经给眼前的努力赋予了意义。

4. 知觉是模糊的、概括的信息，它本身不促使产生任何行动；注意是有目标的、具体的。知觉只有在信息到达人的大脑中通过“意义”这道门槛，并刺激潜在行动时，才能成为注意。

5. 需要改善的不是情绪本身，而是产生情绪的内在解释。

7. 本章小结

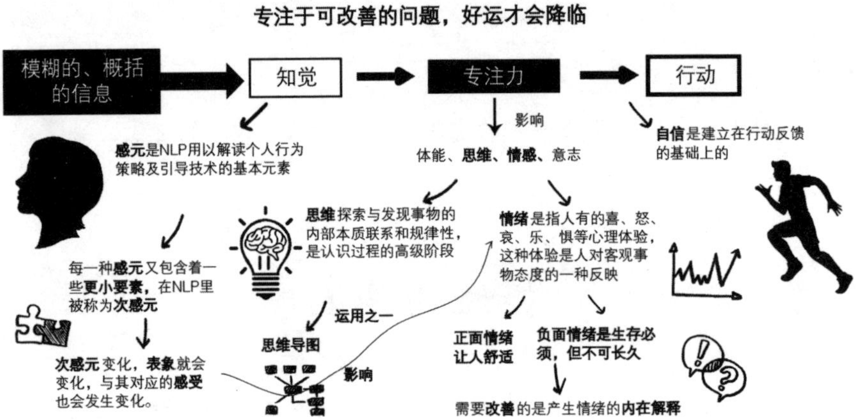
专注于可改善的问题，好运才会降临
模糊的、概括的信息
知觉
专注力
行动
影响
感元是NLP用以解读个人行为策略及引导技术的基本元素
体能、思维、情感、意志
自信是建立在行动反馈的基础上的
思维探索与发现事物的内部本质联系和规律性，是认识过程的高级阶段
情绪是指人有的喜、怒、哀、乐、惧等心理体验，这种体验是人对客观事物态度的一种反映
每一种感元又包含着一些更小要素，在NLP里被称为次感元
运用之一
思维导图
影响
正面情绪让人舒适
负面情绪是生存必须，但不可长久
次感元变化，表象就会变化，与其对应的感受也会发生变化。
需要改善的是产生情绪的内在解释

小结图

第3章

质变

专注力的质变往往也是突如其来。就像人的学习状态突然进入到了第四个阶段一样。（注：学习的四个阶段：不知道自己不知道、知道自己不知道、知道自己知道、不知道自己不知道）

提娅发现自己的思维突然变得灵活了起来，并快速进行了几个以前自己不可能想到的合理回应。

这长期处于人际关系被动局面的她进入了另一个领域：合理防御。

此时具体会有怎样的变化？提娅如何把握？

本章将会具体展现。

1. 与莫妮卡的一次交锋

6月是栀子花初绽的时候，也是提娅任职公司一年中最忙招生季的开始。提娅很喜欢这种白白的、香香的花。所以，每到这个时候总会买一些栀子花放在办公桌上。

“好香呀！”南希感叹道。

“是呀！这是今天早上才买的栀子花。”提娅笑着回答。

“你不觉得这个味道和那种可以挂在胸前的白兰花的味道很像吗？”对于花香，南希有自己的体会。

“是很像，只是白兰花的味道偏甜，而栀子花的味道偏苦。”提娅回答。

“你这么一说，感觉还真是的。”南希说。

“不过，我更喜欢介于其间的一种味道。那叫野姜花，也叫蝴蝶姜。”提娅说出了自己更喜欢的花香。

“还是蝴蝶姜的名字比较好听。”南希回道。她的感觉不无道理，毕竟蝴蝶给人的印象更深、更美好。

“是的。而且蝴蝶姜花长得真的像一丛丛白色的蝴蝶一样，很好看。再等几个月就可以看到了。”提娅说。

上班时间快到了，于是，谈话就此打断。

“招生旺季前，招聘任务特别重，所以我们都要加油。”提娅说。

“嗯，加油！”南希说罢就回到工位上去了。

全公司都在为高峰期而努力准备，但人力资源部经理莫妮卡似乎不在状态，一连三天都没来上班。提娅也没权限知道是怎么回事，只好作罢。

周末，提娅一个人正在逛街，突然接到莫妮卡经理的电话。

电话里，莫妮卡严肃地问提娅：“提娅，这个月的招聘计划，进度完成了多少？”

“完成了三分之一了。”提娅实话实说。

“怎么这么少！你工作上心了没有？！”莫妮卡有些歇斯底里。

提娅意识到莫妮卡又情绪化了。

不知道为什么，莫妮卡最近特别的情绪化。提娅尝试顺着她，但她总会说提娅没有理解她的意思。而如果直接反驳她，后果可能会更糟。提娅决定采取第三种方法：将**问题具体化。**

于是，提娅尝试着将莫妮卡的注意力引向指令的具体化上。

“你是部门经理，比我更清楚部门情况，请告诉我怎么做吧！”提娅直接请示。她心想：最起码，我要和她达成默契，明确自己要做什么。

莫妮卡一愣，她没有接提娅这个茬儿。

“就你这个表现，我怎么跟校区总监们交代？”她很凶地说。

凭着招聘的工作经验，提娅知道：莫妮卡慌了。

提娅使用了先跟后带的技巧回复她：“是。如果站在校区总监的角度，你觉得他们希望我做什么呢？”

“就你这个表现，总经理知道了会怎么想？！”莫妮卡没有跟着提娅的思路走，继续发泄情绪。

提娅知道这个时候不能退让，语气越发坚定地问：“是。如果站在总经理的角度，你觉得他希望我做什么呢？”

莫妮卡终于冷静下来了。几秒钟后，她终于开口了。

“好吧！你现在回公司打电话，办公室里有人值班。”她的语气缓和了很多。

“好！”提娅礼貌的回答。

提娅不怎么在乎加点班。她觉得，做事最起码比不明不白的挨骂要好很多。

在公司里，提娅打开电脑收件箱筛选简历。因为没有基础文职的招聘，外加才一两天的累积，所以简历的数量并不多。不到一个小时，简历的筛选和面试通知的工作就完成了。

对上级交代的任务及时回馈，是职场中非常重要的礼貌。因此，离开公司前，她不忘给莫妮卡一个交代。

“经理，我已经把电子邮箱里能通知的都通知了。他们将会在下周一到周三到公司面试。”提娅给莫妮卡打了一个电话。

“好。”莫妮卡的语气平静了很多。

这一次交锋，让提娅再一次感受到方法技巧的力量，所以她决定继续学习更多的技能，让工作更加实效而充满活力。

2. 不可忽视的意志力

为了让自己有更多的提升，提娅加大了学习量，很多时候都是趴在书上睡着了。但她还是感到非常兴奋。兴奋之余，她还把自己的一些小知识分享给其他人。

“**面对这种拒绝时，比较好的做法是：先呼应对方的感受，肯定对方。**”提娅给同事讲着自己的体会，“**稳住对方情绪后，然后把话题引向促成的方向。**根本不需要回答这种左右为难的问题。”

而这一切被营销总监凯恩听见了。

凯恩不由分说地把提娅拉进了正在培训的销售人员中间。凯恩的粗鲁行为让提娅很反感，一时说不出话来。由于销售人员们对提娅不熟悉，加上提娅没有准备，也没有多少销售经验，效果可想而知。

之后，提娅找了个借口离开了。这件事给凯恩留下很不好的印象，给他们未来的冲突埋下了伏笔。

之后，瑟琳娜狠狠批评了提娅的这种行为。

“提娅，你这种行为是很容易惹麻烦的。”瑟琳娜严肃地说，“你在职场待了好几年了，应该知道办公室里面人际关系的微妙！”

提娅也知道自己错了，不好意思地低下了头。

过了一会儿，瑟琳娜突然想到了些什么。她开始问：“你这段时间的安排是什么样子的呢？”

“安排得有点紧。”提娅拿出了自己的计划。

看完提娅的计划后，瑟琳娜说：“工作这么紧，你怎么还安排这么多新内容的学习呀！”

“因为最近对学习特别感兴趣，所以想趁机多学习点。”提娅回答。

“但这么多挑战是很耗费意志力的。”瑟琳娜指出了其中的问题。

“好像是呀！但我想试试突破一下自己的极限呀！”提娅解释道。

“可你所处的环境，不适合你这样做。”瑟琳娜表示不认同。

“为什么呀？人不是要不断努力走出自己的舒适区吗？”提娅有点不明白了。

“可是，你正在过度使用你的意志力。**而意志力对于每个人而言，供给是有限的。**”瑟琳娜严肃地说。

“啊！”提娅感到很吃惊。

瑟琳娜认真地说：“你处在一个需要跟很多人打交道的部门里，所以你最好在公司里随时都有足够的意志力来应对人际关系的处理。”

“可是，除了工作需要，我跟同事和周围部门的沟通不多呀。”提娅很奇怪。

“控制自己是需要用到精力的。更不用说去判断对谁说、怎样说、什么时候说，都是要用到精力的。”瑟琳娜解释道。

“好的，我以后会注意的。”提娅谦虚地点点头。

看到提娅诚恳的样子，瑟琳娜的心一下子就软了。

“哎！其实你这种状态我可以理解。因为我刚开始接触这些知识的时候，也是很激动的。所以，看到你就像看到了当时的我，我才会这么明确地指出你这样将会遇到一些麻烦。”她说，“你要知道，**在根本就没有学透的情况下积极地去展示，会让他人对你有过高的期许，但面对实际情况时，你的结果会令他们失望，从而引起埋怨。**”

提娅吃惊地看着瑟琳娜。

瑟琳娜继续说：“你可以用所学的方法去改善你的工作，但要记住一定要低调使用，特别是刚开始学习的时候。你需要让自己有个试探和实践的空间，从而完成能力转化。”

“那我日常应该怎么做呢？”提娅问。

“也就是**直接用，不要跟其他人解释**从什么地方来，为什么这样用。”瑟琳娜回答道，“方法**用得好，就保留，不好就反思、调整或者放弃。**要将专注力始终放在踏实完成好自己的工作上。”

瑟琳娜的认真分享让提娅感觉到了自己的莽撞。

“那我接下来应该注意些什么呢？”提娅问。

“哎！接下来，如果受到质疑或者委屈时千万别解释。该干什么就干什么。”瑟琳娜说，“记住！不要解释你自己，因为**懂你的人不需要解释，不懂你的人解释了也不会相信。**要用事实向他们证明。”

“好的。”提娅点点头。

几天后，总经理在周会上的一句话，让提娅感到意味深长。

“我们分公司人不是很多，但却有人在这玩心机。我希望他（她）注意点。”总经理埃里克说。

小贴士

人对新事物的接纳

人们对新事物的接受往往需要一个过程：排斥——嘲笑——批判——认可

小贴士

哪怕你是对的，也需要有勇气和耐心去接受这个考验。

提娅牢记瑟琳娜的话，不辩解，只是踏踏实实地按照工作流程开展日常工作。

然后，就没有然后了。

经过了这次事件，提娅开始懂得压抑住自己的兴奋，低调地进行自我提升。同时，她也开始注意保存精力。更确切的来说应该叫意志力。

为了更好地了解相关内容，她阅读了更多相关书籍。对此，她还做了个整理：

心理学家在寻找能预示成功的个人品质时发现：智力和自制力最能预示成功。

到目前为止，研究者仍然不知道如何永久性的提高智力，但是他们发现了，或者说至少重新发现了提高自制力的方法。

注：以上内容来自书籍《意志力》【美】罗伊·鲍迈斯特、约翰·蒂尔尼 / 著

意志力就是自己为了实现某一目标所具备的（一种坚定的，可以排除万难的）精神力量。

自制力是指人们能够自觉地控制自己的情绪和行动。既善于激励自己勇敢地去执行采取的决定，又善于抑制那些不符合既定目标的愿望、动机、行为和情绪。

提娅感觉被意志力和自制力两个概念弄混了，于是给瑟琳娜发了信息。

提娅：自制力和意志力有什么关系呢?

瑟琳娜：自制力是指能不能做你想做的，意志力是指能不能做完你想做的。

提娅：也就是前者是一种产生行动的能力，后者是一种持续行动的能力。

瑟琳娜：应该说前者的能量是靠从后者的账户中提取的。

提娅：那你那天说我过度使用意志力，是不是意味着意志力有个限额?

瑟琳娜：对！所以，你需要珍惜的使用你的意志力，将其放在效率最大和最合理的位置上。

提娅：那怎样才是效率最大化呢?

瑟琳娜：将其放在好习惯的培养上。

之后，瑟琳娜把意志力相关的几个内容发给了提娅。

小贴士

意志力的特性

（1）每个人的意志力是有限的，使用过度就会消耗。

（2）很多任务其实都是在提取意志力的。

这些任务大体可分为四大类：控制思维、控制情绪、控制冲动、控制表现。也就是：既要达到一定的速度，又要达到一定的准确度，还要在想放弃的时候坚持下去。

小贴士

保存意志力的方法

（1）避免饥饿，即及时获得葡萄糖的补充。

（2）选择低血糖的食物，即转化葡萄糖速度不那么快的食物，从而维持稳定的自制力。

（3）生病时，少做消耗意志力的事情，将能量留给免疫系统。

（4）累了就睡。

简单来说就是：吃好！睡好！

提娅：如果想要长期提升意志力，我需要做什么呢？

瑟琳娜：除了良好的饮食和作息之外，你需要做一些坚持。不过，我觉得你目前还是先把有意识地使用你的意志力，也可以说是有意识地使用你的精力做好了再说。

提娅：嗯，一步步来。一次太多任务，每天的意志力供应耗不起。

瑟琳娜：理解得不错哦！

3. NLP理解层：快速脱离思维困境的地图

几天后，提娅开心地对瑟琳娜说："说真的，我现在感觉越来越有信心了，甚至觉得只要行动了，很多问题都可以解决。"

"呵呵，那可不一定哦。"瑟琳娜给提娅泼了盆冷水，"像你上次那场风波就不是简单地靠行动才改变的吧！"

提娅点点头。

"你是靠对自我的认定，认定你自己就是心思纯粹的员工而度过的。"瑟琳娜说。

"这确实。"提娅承认，忙问，"这背后有什么讲究吗？"

"有！我这里给你介绍一个NLP的工具：NLP理解层次。"瑟琳娜说。

小贴士

NLP理解层次

NLP理解层次早期被称为Neuro-Logical Levels，最初由格雷戈里·贝特森提出来，后由罗伯特·迪尔茨（Robert Dilts）整理，在1991年推出。

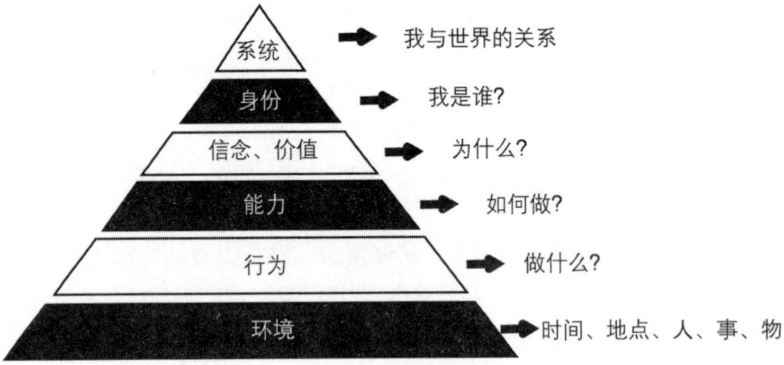

NLP理解层次

“理解层次是一套模式 (Pattern)，因为它可以用来解释社会上出现的很多事情。

这下面的三层，我相信你已经可以感受到它们之间的关系吧！”瑟琳娜笑着说。

“是的。与其抱怨环境，不如采取行动去改善。”提娅说，“如果没有明白如何做，再多的行动也是无用功。”

“由信念、价值到系统的高三层，我们日常很少刻意地去思考，所以往往忽略了它们的重要性。其实，在人生中我们所做的每一件事都被这三层所主宰。”瑟琳娜严肃地说。

“我好像可以理解一些。”提娅提出了自己的看法，“这就像我小学数学的那次困境，已经不能用下面的三层来破局了。我当时是无意识的直接跳到了第五层位置——身份重新定义，才有了后面一系列的变化。”

“嗯，不错！继续！”这样的回答让瑟琳娜很是惊喜。

“之后，我所做的只是在这种新定义身份层下，去寻找新的、适合的东西。当然，现在我还不能完全说清楚。”提娅继续说着。

“不要紧，你已经理解得很不错了。”瑟琳娜鼓励道，“个人的最高 (或者最深的) 境界是身份，所以，一般情况下往往只用到理解层次中的五层。”

瑟琳娜指着那张图继续说：“一般来说，一个低层次的问题在更高的层次里容易找到解决方法。反过来说，一个高层次的问题用一个较低层次的解决方法难以奏效。”

“对！就像这次事件，我已经被扣上‘玩心机’的帽子，这基本上是属于身份层的了。所以，我再怎么证明，怎么去解释都是无意义的。”提娅说，“我所能做的就是相信自己，并用行动展示我在公司的位置：一个普通员工。”

“厉害呀！”瑟琳娜感叹道。

“这得感谢你呀！否则，我真的就乱了。”提娅不好意思地说。

“哪里，我给你分享一些职场经验罢了。但没想到你能总结得怎么好。”瑟琳娜说。

“其实，我也不知道为什么在你面前就能这么放松，然后就不知不觉地领悟了一些。”提娅实话实说。

“加油吧！我希望你哪天能够弄懂这六个层次，有更多的事情可以使这六个层次连贯起来，那你就会有更多全力以赴的力量。”瑟琳娜鼓励道。

“全力以赴地去享受做事情的过程，这样既开心，又有效果。我相信那感觉一定很美妙。”提娅很享受这个过程，决定继续下去。

小贴士

重申各个层次的意义。

系统：我与世界上各种人和事物的关系。

身份：我是谁，我是一个怎样的人？

信念、价值：事情应该怎样，什么是重要、有意义的，可以得到或失去一些什么？

能力：有什么其他可能，可以怎样做，有什么特别的能力？

行为：过程是怎样的，事情内容，每天或上次的做法？

环境：其他人，什么事、物、时、地？

小贴士

NLP 理解层次让我们简单地认识到问题或困扰背后的原因，因而会更快地以“治本”理念去处理它。

4. 亲戚带来的困惑

周末，提娅的大姑来拜访。

这位长辈很喜欢以长者自居与提娅一家讲话，为此提娅很不喜欢她。

但礼貌还是要有的。可当提娅说完“大姑好”后，大姑立马就质问了起来：“我给你推荐的那个老师怎样呀？”

“那天给她做了测试，她的分数不达标。我真的不能把她推荐给相关校区呀。”提娅照直说。

“这个事情，你不能稍微灵活点吗？”大姑对提娅的回答很不满。

“分数是教务部那边评判的，我真的无能为力。”提娅说。

“你在这个公司工作了很长时间了，连点灵活的能力都没有吗？”大姑继续责问。

空气中弥漫着火药味。

提娅的妈妈赶紧打岔：“小倪那么聪明，应该会有更好的工作等着她的。”

“提娅，你可要记得那年你才两岁，我……”于是，大姑絮絮叨叨地列举了自己的种种“好”。提娅的妈妈则在一边赔笑着，而这个方法是有效的。不一会儿，她们就去聊别的了。

说真的，提娅对大姑的“好”没有多少印象。她只是记得：在父母离婚后，这位大姑几乎每次见了她都会问：“你爸爸不要你了，你想不想你爸爸呀？”

非得把提娅问到哭，才停手 。还会责怪提娅不懂自己的“关心”。

提娅不想跟这个亲戚再有什么交集。于是，找了个借口躲进自己的房间里了。

第 2 天，在与瑟琳娜的交谈中，提娅提出了自己的疑问：“为什么我就是感受不到她所谓的‘好’呢？我是不是真的做得不对呢？”

“嗯，我只能说你做得不够完美。但无论如何，你应该先相信你的感觉。”

瑟琳娜平静地说。

“可是，当一个又一个人说我不对的时候，我还真的是对的吗？”提娅还是有点不明白。

“对不对，我不知道。但我只知道，感知是人在这个世界的最重要的渠道之一，不可放弃。”瑟琳娜回答道。

“可是，任何人都可能会有偏差呀！”提娅说。

“你不一定对，但其他人就一定对吗？”瑟琳娜反问。

提娅默不作声。

“其实，这世上没有绝对的对，只有相对的对。”瑟琳娜继续说，“比如，有个做心理咨询师的朋友跟我说，一岁半以下的孩子怎么宠都不为过，但孩子稍微大点了就需要给点空间、定点规矩了。”

“也就是，**所谓‘对’是要根据实际情况而定的**，对吗？”提娅说出了自己的体会。

“是。在这里我没有给你具体的‘标准答案’。因为，我觉得你目前可以承受一定程度的‘存疑’。”瑟琳娜笑着说。

“但为什么人还是那么想要标准答案呢？”提娅问。

“一则方便沟通，二则可以起到安抚的作用。有明确的答案，大脑可以不用那么费神去进行重新构建。”瑟琳娜解释道。

“确实呀！有明确的协议，人与人之间的沟通、达成、反馈也就容易许多了。而且一定要具体到行动等细节事项上。”提娅点点头，“所以有那么多合同和协议。”

“但他们也会对这些设置一个期限或者做些补充。因为所谓标准是没有绝对的。”瑟琳娜说。

为了避免话题越来越长，瑟琳娜跳出话题，对提娅说：“我目前建议你别纠结那么多‘对你好’‘爱’‘孤僻’这些难以具体的词汇了。踏踏实实经营好自己的工作，是你目前最应该做的‘对’的事。”

“嗯。好的！”提娅点点头。

不管如何，提娅的心情好了很多。回到家，她又做了个笔记。

提娅的笔记

感知是人在这个这个世界的最重要的渠道之一，不可放弃。

没有绝对的对，只有相对的对。

让自己有存疑的能力。

标准答案是为了方便沟通而设置的，但其实没有所谓绝对不变的标准答案。

5. 不打不相识

为了配合旺季招生工作，公司对一些新区域进行装修，总经理让新区域的人员在总部办公。但矛盾也因此而产生。

由于皮特总监咨询师的面谈时间和地点与人力资源部的面试相同，而大部分办公间隔音效果有限。所以，新区域总监皮特向人力资源部经理莫妮卡提出自己的想法："目前是销售旺期，你看能不能下周让你们招聘人员另换一个面试间，好让咨询师和客户有良好的沟通空间。"

莫妮卡顺水推舟地就答应了。

但是，提娅感觉到了其中的不对。于是，她追出去问："皮特总监，我们的面试间在哪儿呀？"

令她没想到的是，皮特马上变脸了。

"我是总监，我只负责大的事情。这种小事你们自己负责。"皮特一脸不耐烦。

这完全是耍赖的态度，一阵愤怒从提娅心中升起。她知道不能对骂，但她要尊重自己的感觉。

提娅调整了自己的呼吸，然后用低一度的声音回复对方："总监，如果我把这个话带到我的经理面前，她会怎么看你呢？"

皮特被提娅的问话震住了。

提娅继续说："我觉得'责任'这个词是'在法庭上见'的时候才用的。我们既然都是一个公司的，遇到问题应该一起想办法，你说是不是？"

皮特完全愣住了。他没有想到一个不属于销售范畴而且级别比自己低两级的人会这样回话。

提娅知道，这是个提要求的好机会，于是她赶紧说："我只要一个面试间，一周三次，每次一个半小时以上。"然后坚定地看着对方。

几秒钟以后，皮特开了口："好吧！我去想办法。"

"好。我等你消息。"提娅平静地说，然后转身走人，只留下目瞪口呆的皮特。

小贴士

因为提娅的精力提升和部分困惑解除，间接使得她的专注力和反应力变强了。

之后的三天里，皮特总是用一种疑惑的眼光来打量提娅。提娅知道无须证明什么，自己该干什么就干什么。

终于，他给了答复："这样，我把我总监的办公室借给你。但你得先为我招个好点的前台。"

他的办公室就在楼下，一点也不影响提娅的工作。于是，提娅答应了。

之后就有了开头让莫妮卡吃惊的那一幕。

这么有意思的事情，当然要跟瑟琳娜分享了。

"提娅，你进步不小呀！"瑟琳娜笑道。

"哎！其实，我也是情急之下说出那样的话。想起来还是有点后怕。"提娅实话实说。

"这次，理解层次用得不错呀！一下子把对方给你的第四层困境用更高层次给化解了。"瑟琳娜指出提娅破局点。

"说实在的，我也不知道是第几层，反正我只知道把他拉在一起，才可能解决问题。"提娅讲出了自己的感受。

"对！要的就是这种思路。估计这个人被你吓着了吧？"瑟琳娜问。

"吓着倒不至于，困惑倒是有的。其实，他那么看我几天，我的内心是有点紧张的。但我只知道解释是没有用的。"提娅说，"我只是很好奇，他是如何说服自己听我的呢？"

"人脑有种机制叫作**自我合理化。**"瑟琳娜说，"**人在面对超出自己认识范围外的事情时会有一个困惑期。作为当局者，不需要去解释（越解释越乱），只需耐心等待，他们会自我合理化。**"

"说真的，我真不知道皮特是怎么合理化这件事的。"提娅低声说。

“反正能借你办公室就已经是对你很大的尊重了。接下来，你只需要完成好他所交给的任务就可以了。”瑟琳娜安慰道。

“要招到好的前台员工并不难，只是工作量大了一点。”提娅并不担心招聘的事情，“每当招聘这种前台、行政、基础人事和财务人员的时候，最不愁的就是简历。只是需要花时间筛选罢了。只是他要求的是个好的前台，这就是任务的难点。”

“那你觉得怎样的人才符合要求呢？”瑟琳娜问。

“学历和工作经验不需要很高，只要会使用基本的办公软件就可以了；最重要的是能够温和而巧妙地应对那些强势的咨询师及家长。”提娅提出了自己的看法。

“这个只能在面试的时候才能判断呀。”瑟琳娜明确指出。

“是呀！不然皮特总监也不会单独给我提这个要求呀。”提娅说。

反正无论如何，这个事情是必须要完成的，因此提娅也没有多想。

“反正，做了再说呗！”提娅心想。

6. 态度大转弯

之后，提娅认真地为招聘皮特校区的前台做准备。

果然不出所料，发布招聘信息才 3 天，这个岗位就收到了近百封简历。好在提娅很熟练，所以很快就从中找了符合要求的二十多个候选人，然后通知面试。

因为这是一个服务协调型的岗位，所以迟到的、精神不佳的、过于高傲的候选人将会被淘汰掉。面试了几个人后，提娅发现了几个说话条理清晰、态度温和的候选人。此时，她已经不愁没人选了。

可能是运气来了，面试到一个名叫亚薇的女孩时，提娅眼前一亮。那女孩长得白白净净，清新可人。从进入面试间起就笑脸迎人，回答问题时声音虽不大但谈吐清晰，始终笑盈盈的。

“这就是你工作岗位的情况，你可以接受吗？”提娅问得很直接。

“好呀！”亚薇笑着回答。

这一笑让人如沐春风。提娅想：就是她了。

虽然，已有最佳人选，但为了保险起见，提娅将候选人的聘用按照第一名（亚薇）到第十名的顺序进行了排列，交给了皮特总监，并做好了万一的准备。

这次运气真是超好，最中意的亚薇留了下来。为了让亚薇更好地适应工作岗位，提娅还让她在分公司总部前台学习了一周，抽空还告诉了她一些工作技巧。

而事实证明，她非常适合这个岗位。皮特总监特意表扬了提娅：“亚薇确实不错，做事能力强，同时跟其他人相处很好。”

“爱笑的女孩谁不喜欢呀。”提娅心想。

接下来，皮特总监对提娅的态度完全就是另外一番景象。

“你再帮我招几个厉害的咨询师吧。”皮特总监的语气里有几分讨好的意思。

提娅一面答应着，一面心想："别的校区的要求也是一样的。"

而令提娅无语的是：他居然学着提娅那天对他讲的话去说服其他人。

"既然是公司的一分子，就应该为公司的发展一起努力。"皮特总监像老电影的英雄一样讲话。而他有种突然找到一个优质盟友般的兴奋感。更确切地说是：他把提娅的话当成"万能钥匙"了。

"你这样说不觉得太正能量了吗？"Sam 副总对他的表现很是无语。

"难道不是吗？"皮特调皮地问。

"你赢了。"Sam 副总无奈地点头。

提娅看到皮特的表现，只觉得一个字：傻。

之后，提娅把这段时间公司发生的事情告诉了瑟琳娜。

"这是好事呀！最起码说明他现在很认同你了。"瑟琳娜笑道。

"是吗？我感觉他跟我讲话也没多大变化。"提娅有点后知后觉。

"这个跟级别关系不大，关键是他认同你了。"瑟琳娜说，**"当一个人不自觉地模仿另外一个人的言谈或者观点的时候，就很可能说明这个人从内心已经认同了对方的部分甚至全部观点了。"**

"哎！我的要求没那么高。只要他别再用什么总监级别来压我就行。"提娅说。

"看他目前的表现应该不会，更何况你给他招的人让他很满意。"瑟琳娜说。

说起招聘，提娅有了兴致。她兴奋地说："说真的，见到那个女孩第一眼，就有种直觉告诉我：就是她了。"

"呵呵，感觉很奇妙吧！"瑟琳娜笑道，"那是你够专注的结果呀！"

"是吗？其实，我一开始真没想要到要找一个爱笑的女孩。"提娅点点头说，"我只知道这种感觉太好了。"

"这几个月，你提升了自己的体能，学会了时间管理、排解压力，更难得的是你不甘于只是体验好，而是选择了困难并能自我解析。这都是专注力的作用。"瑟琳娜说，"因此，这次招聘的时候，你的筛选也就是直觉才会那么突出。"

"可能是吧。"提娅点点头。

无论怎样，提娅算是从几个月前的低迷状态解脱了出来了。她信心满满地面对接下来的工作和生活。

7. 本章小结

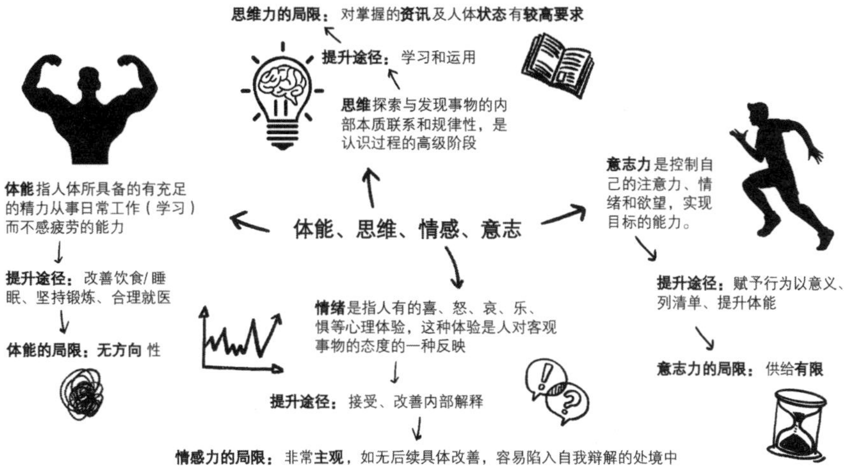

小结图 -1

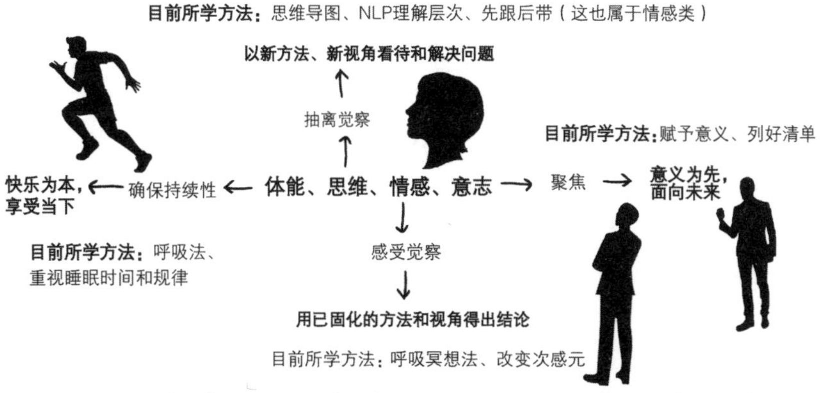

作者语：这个几个因素是**相互作用**的，当一个方面改善后，带来的是全面提升，整个人**对专注力的掌控得以加强**。

小结图 -2

第二部分

崭露头角

不同于学校，职场的成功并不能总是换来积极的回馈。

其间，有可能是流言蜚语，有可能是被继续施压，也有可能是质变的希望。

如何克服？如何抉择？

接下来，则会逐一展现。

第4章

无处不在的八卦

八卦为什么那么容易吸引众人的关注呢？即使对当事人自己以及周围的人没有一点好处，甚至还有伤害。

提娅如何从中脱困？以及如何从周围人固有观念中破局？

本章将会具体来讲。

1. 流言起

不知怎么的，皮特总监找提娅的次数越来越多。于是，办公室里的流言也就越来越多。

“哎！他又来了。”一位同事坏坏地笑着。

“哦！那又怎么了呢？”提娅冷冷地回答。

“我们都觉得你们两人就像欢喜冤家一样。但论回应水平而言他胜你一筹。”同事继续说着。

提娅继续忙自己的工作，不作声。那同事自觉没趣，过了一会儿就离开了。

但这次皮特还是找了提娅。于是，两人一下子就成了办公室瞩目的焦点。

“你最近分给我们校区的那些员工水平还不够呀！”皮特对提娅说。

“哦。”提娅简单地回应。

“公司给我的压力这么大，我总得要来找点解决的办法吧。”皮特继续说。

“跟其他几个校区比，你这已经很好了。”提娅回道。

“我这压力也大呀！三分之一以上的任务都是我这儿扛。你也没给我三分之一以上的员工呀。”皮特表现得很委屈。

周围的人目光灼灼地看着他们两个。

“你这编制上已经差不多了，我得按照规章办事呀。”提娅一点面子也不给。

“是呀，你们人力资源部得按照规章服务好各个部门呀！”皮特回应道。

“是！我去服务其他部门了。”提娅说罢，拿起文件夹转身就走。因为，周围的人让她觉得很怪。

第二天，皮特算是开了点窍，到公司的走廊里跟提娅说话，这样既不因为太私密而引人闲话，又不因为太显眼而引人注意。

“提娅，我感觉你会成为一个很好的咨询师。到我们校区来吧，我给你最高的底薪。”皮特很直接地说。

“谢谢。你的好意我心领了，但我不想做咨询师。”提娅拒绝得很直接。

“为什么不去呢？”皮特很好奇。

提娅不作声。

皮特只好自己打破局面：“好，不管怎样吧。在这个行业里想要晋升得快，最好是做销售。这个你看一些管理层的简历就知道了。”

“是的，在这个行业做销售出身的晋升是比较快。”提娅表示认同。

“是呀！你为什么不做销售呢？人力资源发展局限太大了。”皮特问。

“我有我的想法；你的好意我心领了。”提娅还是严词拒绝并马上离开了。

只剩下皮特一头雾水。他不明白好好的晋升途径，为什么提娅就是不愿意走。

提娅也说不清楚为什么，但有一点可以肯定的是：她不愿意陷入“八卦”之中。

2. 八卦：快速调动人群专注的迷幻剂

提娅把办公室的事情告诉了瑟琳娜。

“你想怎么样呢？”瑟琳娜直接问。

可能是情伤还在的原因吧，提娅回答得很坚决：“我现在不想涉足感情问题。另外，我也不想成为同事们茶余饭后的话题。”

“其实，就目前你所表述的来看，你们也不能算是。”瑟琳娜安慰道。

“但恋爱这个话题太容易吸引注意力了。”提娅很无奈地说，“我很疑惑的是，关注别人的情感对他们没有多大关系，他们为什么还要那么关注呢？”

为了避免提娅钻牛角尖，瑟琳娜把话题扩大。她说：“提娅，不知道你发现没有，除了这个话题，在日常生活中，人们对购物、比赛、特别人物背景也特别在意。而其中绝大部分都是难以掌握，甚至与谈论者无关。”

提娅点点头，睁大眼睛看着瑟琳娜。

“其实，人对这些琐事的关注很正常！”瑟琳娜说，“因为谈论这些琐事的意义不在内容本身，而是能够参与到讨论中，会给人一种与他人建立关系的感觉。”

面对提娅强烈的好奇心，瑟琳娜既高兴又担心，于是她决定继续深入地讲下去。

“在解决了基本生存以后，跟得到的实物相比，人们可以从与别人建立的关系中获得更多的满足。而最容易获得关注的话题，往往与生存、繁衍、健康、安全、权利这些东西相关。”瑟琳娜耐心地说。

“好像是哦！”提娅点点头。

于是，瑟琳娜给提娅发了一张图。

马斯洛的需求（专注力）等级表

专注力等级表
是一个倒着的马斯洛需求表。

	反感的专注力	吸引的专注力
心理的需要（生存和繁殖）	饥饿和焦渴 性别抵制 对孩子的任何威胁 疾病	食物和水 性别和谐 对孩子的照看 健康的身体
安全的需要	可疑的陌生人 武器（别人的） 坏天气（飓风、暴风雪） 自然灾害（火灾、地震）	值得信赖的朋友和家人 武器（自己的） 抵抗自然力的栖息之所 应对灾害的资源
归属感和爱的需要	孤独 被排斥 被反对 残忍的	亲密 受欢迎 意见一致 善良的

在同一层次中，反感专注力大于吸引专注力

马斯洛的需求（专注力）等级表 -1

受尊重的需要	别人的下属 被束缚 下等 名声很坏	权利高于别人 自由 上等 名声很好
认同和理解的需要	令人厌烦的不断重复的事实 未知领域的信息 错误的信息 谎言	关于自己的信息 准确的信息 实情
审美的需要	丑的东西 交通噪音 无味的食物 不合时宜的感觉	美的东西 音乐 美味的食物 时髦
自我实现的需要	忽略自身潜能 拒绝探索 惧怕新思想 热衷社会标记	开发自身天赋 追求冒险 拓宽思想 自我标新立异
超越需要	不道德的行为 大量内部冲突 自我毁灭	道德的行为 完善内部和平 自我启发

越往下意义最为深远、越具有决定意义

如果关注层次过低，当人们满足养家糊口后，就很容易陷入政治去争取地位和关系

马斯洛的需求（专注力）等级表 -2

“瑟琳娜姐姐，我感觉人本能性的关注的要么是生存斗争，要么是权利斗争。这真的都是很痛苦的。”提娅提出了自己的看法。

“哈哈，我看你是极端化了。**记住：本能只是本能，倾向只是倾向。当你了解了它们，你将拥有更强大的力量去忽视它们。**”瑟琳娜说。

“也是。那如何避免拖回去呢？”提娅继续问。

“记住：**本能只是本能，倾向只是倾向。当你了解了它们，你将拥有更多可能性去忽视它们。**”瑟琳娜鼓励地说。

“好的。”提娅点点头。

“其实，这个事情说简单也简单说复杂也复杂，关键是你想改变谁。”瑟琳娜说，“如果你选择的是让自己不断发展，那么你首先要做到是自律。你能从上述的文字中感到了人的困境，这很好。但人的一生本来就困难重重。”

“是因为进化不够的身心模式和文明社会的不匹配吗？”提娅问。

“可能还不止这些。生物本身就有生老病死的痛苦。”瑟琳娜说，“加上生命本身就是一个不断流逝的过程，每个阶段都有其独特的心理危机。心理学家爱利克·埃里克森提出人的发展经历了八个阶段，每个阶段都有需要解决的任务，假如此阶段的任务不能得到解决，将会影响人一生的发展。”说完又给提娅发了一份资料。

小贴士

埃里克森八大阶段理论

（1）婴儿期（0 ~ 1.5 岁）：基本信任和不信任的心理冲突。

（2）儿童期（1.5 ~ 3 岁）：自主与害羞和怀疑的冲突。

（3）学龄初期（3 ~ 5 岁）：主动对内疚的冲突。

（4）学龄期（6 ~ 12 岁）：勤奋对自卑的冲突。

（5）青春期（12 ~ 18 岁）：自我同一性和角色混乱的冲突。

（6）成年早期（18 ~ 25 岁）：亲密对孤独的冲突。

（7）成年期（25 ~ 65 岁）：生育对自我专注的冲突。

（8）成熟期（65 岁以上）：自我调整与绝望期的冲突。

“此表中的年龄可能有些超前，你不要刻意对号入座。只要知道有这几个阶段就行。”瑟琳娜说，“所以，即便平平安安顺顺利利的人也都会经历这些，更何况不那么顺利的人呢？”

提娅继续问：“这确实。那为什么自律可以解决这些问题呢？”

“其实，要谈根本性的解决是不可能的。只是当人明白了生命本来就困难重重，也就不会那么耿耿于怀自己的苦难了。”瑟琳娜说，“自律只是换了个态度去面对困难而已。”

“你能具体讲讲吗？”提娅的好奇心又来了。

“**自律只是将专注于困难变成了关注于如何解决困难罢了。**”瑟琳娜一针见血地指出。

“呵呵，怎么又回到了专注力的话题上了。”提娅笑道。

“是呀！学会赋予困难意义才能关注正确的内容，才能专注于解决问题，从而一一地去破除那些苦难。”瑟琳娜说，“但具体如何去做，则是很个性化的。”

提娅继续问：“瑟琳娜姐姐，你有什么方法可以提供呀？”

“哈哈！以前讲的NIP理解层次，你难道忘记了吗？”瑟琳娜笑道，“如果你想从那些琐碎的八卦中摆脱出来，就一定要清楚你的困惑在哪一级，然后先争取用同级去解决它，如果不行就换到上一层级去解决。”

“对！这是个好工具。”提娅点点头说。

“但是，如果没有自律的配合，多好的思维方式很可能会沦为自我找借口的工具。”瑟琳娜说。

“好像是有这种人。特别会为自己找借口，但一做起事情来怎么都不行。”提娅补充道。

“也可能不是具体到某个人，而是有些人有时会因为恐惧而选择逃避，逃避久了也就形成了找借口的习惯。就好像前几个月你也是这种状态。”瑟琳娜说，“但我要提醒你的是，**除非当事人是真的愿意，否则一个人是不可能改变另外一个人的。**所以，这种情况，最好是做好自己，而且清楚自己对于他人顶多为一辅助作用。”

“但我还是很担心自己会因为怪异，而被孤立。”提娅提出了自己的难点。

“如果你能做到无论怎样都要给对方以尊重，并学会委婉的拒绝，那么这种情况几乎就不会出现了。”瑟琳娜说，“但最根本的还是在于，你要抛开依赖他人的思想，**让人与人之间保持既合作又独立的状态。**”

“嗯，我会努力的。”提娅说。

3. 职场中，与人相处的要点：守住自己的边界

在公司里，提娅试着遭遇话题时保持沉默。但她发现效果有限，还是被贴上了“与皮特总监暧昧”的标签。于是，她把自己的苦衷告诉了瑟琳娜。

“嗯，而且一旦被贴上这样的标签，确实会越解释越乱。”瑟琳娜对提娅的苦恼表示理解。

“嘴长在他们身上，我有什么办法呢？”提娅感到无能为力。

“不，在必要的时候，你是可以回应的。”瑟琳娜回道。

“真的吗？”提娅惊讶地看着瑟琳娜。

“但你首先不要陷入他们所贴的标签的泥潭中，因为标签的威力真的很大。”瑟琳娜说。

小贴士

贴标签效应

当一个人被一种词语贴上标签时，他就会做出自我印象管理，使自己的行为与所贴的标签内容相一致。

这种现象是由于贴上标签后而引起的，故称为“标签效应”。

心理学认为，之所以会出现“标签效应”，主要是因为“标签”具有定性导向的作用，无论是“好”还是“坏”，它对一个人的“个性意识的自我认同”都有强烈的影响作用。给一个人“贴标签”的结果，往往是使其向“标签”所喻示的方向发展。

“提娅，其实感觉这个东西本身就是一团迷雾，里面的动机很多，太注意其中一点，会自动屏蔽了其他可能。”瑟琳娜指出。

“是不是就像你以前跟我讲过的注意力的弊端？越集中盲区越明显？”提娅问。

“对！这是因为**专注力最主要的功能不是接收信息，而是排除信息**。而且，**人类的天性总是先考虑具体的明显的一个目标。**”瑟琳娜说道，“这是因为，人天性上就喜欢一个事物有一个具体的、唯一的结论。**对多个可能采取存疑和包容的态度是需要通过后天刻意训练才能获得的。**”

“而事实上，一个事物在换个角度就会有不同的解释。对吗？”提娅问。

“不错。**接受了多种可能性的事实，是人格成熟必经的一个课题。**”瑟琳娜点点头。

“可是，接受了这个不舒服的事情，会对我们有什么帮助呢？”提娅继续问。

“正是有了多种可能，人们才会有多种选择的可能性呀。”瑟琳娜回答道。

“如此说来，我是否可以选择另外一些标签来定义这个关系呢？”提娅提出自己的看法。

“非常好！在这方面你有主动权。然后，用你所定义的标签去框架这个事情。”瑟琳娜对提娅的回答非常满意。

“可是，如果有人不顾事实，硬是要强加这个标签于我身上呢？”提娅还是有疑惑。

“他们可以加，你不能加吗？你必须要有些锋芒才行呀！”瑟琳娜提示道。

提娅恍然大悟地说：“对！让对方也感受一下无语的感觉。”

“当然，你必须知道，**真正能够帮你人生破局的不是这种辩论技巧，而是一步步的经营。**”瑟琳娜严肃地指出，“否则，陷入无尽的争辩，对你没好处。”

提娅点点头说：“嗯。也就是只将范围划入必要的自我维护上就可以了。”

“另外，记得在反驳后，给对方台阶下。因为在职场中，你需要好的关系，如此需要宽容的态度。”瑟琳娜继续说，“毕竟大部分人只是一时兴起，不必苛责。”

“好的。”提娅点点头。

------------------------ 书摘 ------------------------

我们必须彻底地将“发现客观真理”与这套“维护（我们自己的）正确性的艺术”脱钩。前者是截然不同的行为所属之任务，是判断力、思考、经验的工作，并没有自己的技艺；然而，后者则是辩证法的目的。

……

就连我们自己是对的时候，我们也需要辩证法来捍卫自己的正确性。再者，为了对付各种狡诈的诡计，我们也必须认识它们；是的，为了以彼之道还施彼身，我们经常也得运用敌人的诡计。

——*《辩论的艺术》*叔本华

4. 提娅的绯闻脱困

过了几天，又有人拿提娅说事。

“你觉得皮特总监怎么样呀？”有个女同事笑嘻嘻地问。

“哦？我很好奇，你怎么对他那么上心呢？”提娅反问。

对方愣住了。

提娅觉得她的样子很好笑，继续温和地问：“不是吗？”

这次换对方急了。她立马辩解道：“你别瞎说呀！”

“是呀！所以我觉得我们讨论这个话题没有意义。”提娅立马转移了话题，给对方一个台阶下。

“是呀。算了，我们还是讨论下工作吧！”对方笑着说。

于是，提娅顺水推舟地将话题转移到了工作上，一场小风波就此平息。

此时，提娅想起了一句话：“善良必须有些锋芒，否则走不远。”

虽然提娅做得并不算很完美，但至少达到想要的效果了。

而最终，将提娅从困境中化解出来的是另外一件事。

一周以后，不知怎么的，总公司突然给财务部人员涨了将近 50% 的薪酬。这让知情的校区人事专员们百思不得其解，纷纷向莫妮卡询问。莫妮卡也只好简单安抚，并说自己已经向总公司提交了涨薪的申请。但最终，全公司的人还是知道了这件事。

于是，大家将注意力转到猜测财务部涨薪的因由上去了。也正因为有了这个话题，提娅的风波彻底结束了。毕竟，**薪酬的话题比起八卦更能引起人们的兴趣。**

5. 不妨多点挑战

提娅无意间与许久未见的同学联系上了。

同学：你好！

提娅：你好！

原本以为可以一起回忆下过去的时光，结果……

同学：你在我的空间里面看到我宝宝的照片了吗？

提娅：嗯。看到了。

同学：给你一个链接，帮我宝宝投票，他是第 76 号。

提娅：嗯，没问题。

话题由孩子转到提娅身上。

同学：你打算什么时候要宝宝呀？

提娅：什么？我现在连男朋友都没有呢。

同学：那你得抓紧了。女孩子 26 岁都没个男朋友，是很容易被剩下的。要不，我帮你介绍介绍？

提娅：不用！

同学：你为什么不了解下呢？

提娅：我困了，睡了。

其实，提娅很想回答，同学那儿的婚恋观和自己所在的城市不一样。因为那个同学所在的环境里，大部分人认为早结婚生子是件有福气的事情。而提娅则认为大学生毕业才几年就结婚还太早。连养活自己都很艰难，谈什么当担婚姻的责任。

好在，提娅的妈妈也没给她多少压力。所以，此时的提娅感觉自己很幸运。

但幸运归幸运。当提娅看到那些同学晒着自己的婚纱照和宝宝的时候，还是会羡慕。但这种羡慕还不至于让她急着去找对象。

也或许因为她父母的关系，她对婚姻采取敬而远之的态度。而其中具体的原因，她一时说不清楚。此时她想起了瑟琳娜的话：**存疑**，因此没有对此事下定论。

瑟琳娜对提娅的这种存疑的方式，很赞同。

“是呀！这么大的事情，怎么能够一下子就把它定死呢？”瑟琳娜赞许道。

“我主要是觉得恋爱和婚姻这个东西好麻烦，好难控制，所以就干脆不想了。”提娅很直接地说。

“你前面半句我认同，但后半句的我就不认同了。”瑟琳娜说，“你为什么要放弃呢？因为**相信才能有可能。**”

瑟琳娜又给提娅看了如下法则。

吸引力法则：

吸引定律又称吸引力法则，指思想集中在某一领域的时候，跟这个领域相关的人、事、物就会被他吸引而来。

“感觉好玄妙呀！”提娅感叹道，“能给我点解释吗？”

“好的。”瑟琳娜笑道，“你已经知道一个事物其实可以有多种解释，对吗？”

“对！”提娅回答。

“但是，人的注意力往往会偏向自发性地注意他（她）所认为有意义的感知。”瑟琳娜说。

提娅觉得自己开始明白点了，于是就问：“也就是，我需要提前给自己的一些事情赋予一些获得幸福的意义，当这样的幸福真的出现的时候，我才能早点认出它，对吗？”

瑟琳娜点点头说：“是呀！你才 26 岁呀！还有那么多机会，为什么不选择最好的相信呢？”

提娅知道：瑟琳娜有底气说这个，但自己感觉还是没有信心。

“可是，我依然很迷茫。毕竟我不像其他人那样有父母给的好的婚恋模板。”提娅不自信地说。

“确实，你的模板不完美，但真正完美的有几个呢？”瑟琳娜反问，“即使很好，他们的模板一定真的适合现在吗？”

这让提娅愣住了。

瑟琳娜严肃地说："记住！**问题可能不因你而起，但可以因你而止**。只是**你需要先去争取可能性。**"

"嗯。我明白了。"提娅点点头。虽然还有很多的困惑，但她觉得这个挑战是值得的。

------------------------ 书摘 ------------------------

接受挑战，才能带来真正的安慰；心灵接受长期的、甚至经常碰壁的自律，才能成功。

——*《少有人走的路》M·斯科特·派克*

6. 思维滤纸：视而不见的原因

周末，提娅与一个大学同学阿曼达小聚。

“我最近一个月已经被相亲 4 次了。”阿曼达的眼神中有些落寞，“我只感觉自己像进了一个讨价还价的市场，感觉人格受到侮辱。真不舒服！”看来她和提娅有着一样的烦恼。

“难道都不行吗？”提娅问。

“是有不错的。但对方一般年长我 5 岁以上，而且要求一年内结婚，结婚后就马上要孩子。”阿曼达说。

“很讲效率呀！”提娅坏坏地笑。

“喂！有你这样的吗？我正犯愁呢！”阿曼达提出抗议。

提娅让自己平静下来，说：“你至少有候选，我还没有呢！”

“这样吧！我把这个人介绍给你。”阿曼达抓住了这个反守为攻的机会。

“我不要！”提娅很直接地拒绝。

“你呀！还是跟大学里一样，只要一牵扯这方面的问题就异常抗拒。其实，喜欢你的男生也不少，但你那副样子一摆，他们都敬而远之了。”阿曼达感叹道。

“啊？我没觉得呀！”提娅惊讶地说。

阿曼达愣住了。

“要谈装傻也没有你这个装法吧！”阿曼达抗议道，“我看你完全是视而不见。”

提娅愣住了。她突然回想起以前身边的确时不时地有一些关系不错的男生在周围，可她都没有往心里去。

她的心里好像有个滤纸一样，把那些懵懂的可能性全部给过滤掉了。

小贴士

思维滤纸

我们体内有一套独特的体系，形成了一道过滤外界信息的思维滤纸，人们时时刻刻都在利用其过滤感官感受外界的点点滴滴。我们接收什么信息，过滤出什么信息，潜意识早已根据自身的特征替我们做了主。

想要改变，需要我们有意识的努力。

“我很好奇你是怎样看待婚姻的呢？”提亚将话题引向阿曼达。

“我也不知道。最起码对方让我感觉到很舒服吧！”阿曼达显得没有什么底气。

“还有呢？”提娅继续问。

“我的父母要满意，对方的父母也要能够接纳我，对方还得有不错的人品、地位和习惯以及发展前途，感情上得专一。”阿曼达陆陆续续说道。

“确实很难遇到呀！”提娅感叹。

“是呀！可婚姻毕竟是大事，也不能随便呀！”阿曼达说。

提娅点点头。

“算了，还是不谈这个了。没准船到桥头自然直呢！”阿曼达很乐观。

于是，她们将话题转移到了一些搞笑新闻和八卦上去了。

提娅意识到：**讨论深刻的东西往往会冒着冷场以及争论的风险。而八卦可以让人快速获得一种建立关系的满足感，虽然这很虚幻。**

“但深刻的东西会让人有种深远的满足感呀！”提娅心想。

于是还是坚持继续深入思考有关专注力的内容。

7. 本章小结

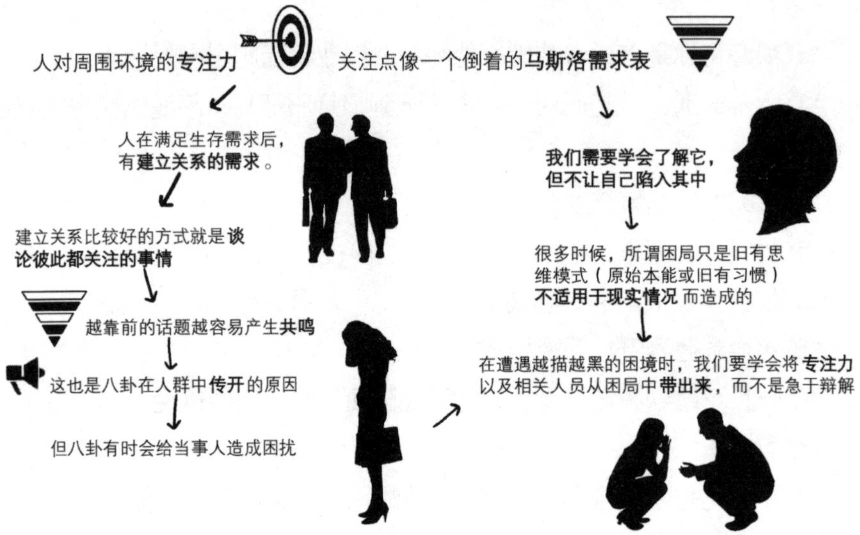

小结图 -1

小结图 -2

第5章

平衡的重要性

优秀的专注力往往是在一个人所擅长的事情上的。而工作岗位是一个不容错过的地方。

但，即便是优秀的专注力也存在一些不足和麻烦。

如何克服这些缺点?

本章将会详细来谈。

1. 两个电话营销员

为了更好地完成暑期任务，公司新增加了一个部门——电话营销部。这个部门从属于营销部，做的是咨询师的前期工作：邀约。

于是，提娅接到新的招聘需求：招聘 10 名以上电话营销人员。

“由于与人沟通都是以电话的方式完成的，所以所聘人员在形像和经验上没有咨询师的要求那么高。”提娅分析着。

但这是一份辛苦的工作，而且给别人的感觉没有咨询师那么好，加上要得急，所以招聘起来有点难。为此，提娅在招聘的时候将一些条件还不够的咨询师应聘人员，转为电话营销员。

但这次应聘者却是个例外。应聘人丹尼尔长着一张让人信服的脸，目光炯炯，说话条理分明，从事过 3 年以上的销售工作，活脱脱一名专业咨询师的样子。

总之就是形象、经验条件都不错。

毕竟，一位好的咨询师对于公司的价值更大，所以提娅想推荐他应聘咨询师岗位。一般情况下，这是行得通的。

但这次却不同，丹尼尔拒绝了。

“不，我就是要做电话营销！”丹尼尔坚决地说。

“为什么不去呢？”提娅有点不敢相信，于是连忙追问。

“我很清楚我自己的能力，我就适合做电话营销。”丹尼尔的回答不容置疑。

提娅看到了他如此坚决，只好顺水推舟地告诉他复试的地点和时间。

与丹尼尔同一批招聘人员里，还有一位叫夏琳的女孩令提娅印象深刻。当她一走进面试间的时候，提娅就觉得眼前一亮。

与丹尼尔不同，她是来应聘咨询师的。夏琳个子高挑，圆脸，浑身洋溢着阳光与活力，给人非常强烈的亲近感。提娅一下子就喜欢上她了。经过一轮交谈后，提娅感受到了她清晰的条理以及足以打动人心的动人声音。

只是，她学的体育专业和应聘职位太不搭界了，而且也没有相关工作经验，可以说是一张白纸。但提娅真的很想留下她。于是，提娅尝试着转岗。

“因为咨询师这个岗位要求比较高，所以我建议你先从电话营销做起，以后合适了，再转岗。”提娅说。

“好的。”夏琳欣然同意了。

之后，提娅找到电话营销部经理，确定了复试时间，并一一通知相关人员。

但夏琳把时间弄错了，提前一天来到了公司。

“你把时间弄错了，明天才是复试时间呀！”提娅说。

“哦！好的。”夏琳非常礼貌的接受并爽快地离开了。

夏琳这一表现让提娅非常满意。

“做营销的要的就是这种立马从挫折中抽离出来，并投入行动的习惯。”提娅心想着，并特地对她进行了标注。

果然，电话营销部的经理在复试后，表示出对夏琳的极大认同。

“是很不错哦！”部门经理说。

“喜欢就好！接下来就看你怎么培养了。”提娅笑着说。

能与部门负责人观点一致，让提娅很有成就感。

之后，南希录入入职人员数据的时候，不由感叹：“我真佩服你呀！你把一个硕士生弄到去做电话营销。”

提娅也觉得自己有点荒唐，但她觉得这是对的。

果然，是金子到哪儿都会发光。夏琳一下子就进入到了角色，而且时不时会有些惊人之举。

一次，提娅听到她在电话里跟准客户说：“我跟你讲，孩子喜欢玩游戏很正常。像我玩起魔兽，就感觉自己是这个世界的主人。只是，你得引导他，让他体会到学习中获得掌控感。那么他才会意识到学习是件比游戏更有意义的事情。”

她完全没按照销售话术与客户沟通，但其顺势而为的能力特别打动人，因此业绩一下子就遥遥领先了。

于是，电话营销部经理更加喜欢她了。要不是因为没有转正，部门主管的位置非她莫属。

丹尼尔相对而言就差多了。虽然他很努力，但在做电话营销这件事情上，男性比女性略显吃亏。

提娅在经过营销部门时，看到夏琳在训诫丹尼尔。

“你刚才这么说是会引起歧义的。你应该直接地拒绝。”夏琳说。

而丹尼尔认真点头，沉默不语。

提娅不禁在想：“他这么固执地选择做这个岗位，对吗？”

这个岗位的离职率很高，而丹尼尔始终没有离开这个岗位，一直坚持着。这令提娅很钦佩。

“这是他的选择，我得尊重。”提娅心想。

夏琳那边则是好运气不断。一天，她走进总公司办公室取资料时，被营销总监一眼看中。

“这个人是谁呀？”营销总监凯恩满脸惊喜地问提娅。

“这是新招来的外呼专员夏琳。”提娅如实告之。

“好！这个人，我要了。”凯恩总监非常肯定地说。

那是提娅在公司里唯一的一次看到凯恩如此真诚的笑容。

于是，夏琳在没有转正的情况下，由外呼人员转成了一名咨询师。但此时她的一个毛病暴露了出来：不会促成。而这个坎她始终没有突破。

最终，她被特设为营销总监助理。唯一不变的就是她始终都那么招人喜欢。

提娅真的很好奇：夏琳为什么成不了一个好的咨询师呢？不过转念一想，她能从一个体育专业跳出来，迅速发展成总监助理，还是挺令人满意的。

总而言之，这次破格录用的经历让提娅很有成就感。她将体会写在了本子上。

提娅记事本

面试只能判断一个人是否有资格进入试岗期，但最终决定这个人以后发展的，还有很多不确定的因素。

而其中很大程度上有赖于当事人自我的坚持、改进以及运气。

2. 自尊的三个部分

周末，提娅和瑟琳娜聊到了这两个特别的电话营销员。

“不知道为什么我们都很喜欢夏琳，虽然我们明明知道她的缺点不少。”提娅说。

“你能说一下，具体是哪些事情让你有如此感觉吗？”瑟琳娜问。

“从她带着灿烂的笑容走进面试间时，我立马就被她感染了。之后，在面对我提的问题时，她都是从积极的角度去看待并回答的。”提娅说，“印象最深的是，她把复试时间弄错了，提前一天到公司来。我指出错误后，她就非常礼貌地立即离开了，没有丝毫不悦。电话营销这个工作要遭遇很多的挫折，但她能一直保持笑盈盈的样子，让我很佩服。”

“难怪哦！”瑟琳娜点点头，继续问，“你觉得一个人能在面对拒绝不断的工作时，还能保持积极心态的原因是什么？”

“让我想想。”提娅一边回答，一边脑中不断翻腾着所掌握的知识。

“你再想想，遇到拒绝时，好的电话营销人员应该怎样做，应该怎么想呢？”瑟琳娜提示道。

这让提娅一下子有了感觉。她说：“判断是否真的能够说服对方，如果不能，马上投入下一个电话；如果觉得可以说服，就尝试一下；如果还是不行，就应该把自己的疑问记下来，找有经验的同事或者上级询问解决方法。”

“对！也就是把一次次的电话当作要么争取，要么放弃，要么成长的机会。”瑟琳娜点点头。

“哦！这么一来，那无论何种结果都是积极的。”提娅恍然大悟地说。

“更确切的来说就是：**赋予各种结果以积极的意义，确保注意力放在自我改善的方向上。**从而保持更多旺盛的精力投入下一次电话中。”瑟琳娜补充道，“一个人如果长期让自己更多地去思考所遭遇事情的积极面，并坚持自我改善，就会有种闪亮的魅力。”

这一下唤起了提娅早年的记忆。

“哦！也就是一直坚持积极思考就能够拥有很强的魅力，对吗？”提娅问。

“不光是积极的思考，还有积极的行动，以及还有周围环境给他足够良性的回馈。”瑟琳娜说，“而当一个人有了足够自信是很吸引人的。”

接着，她给提娅发了一个资料。

小贴士

自信

自尊由三大“成分”构成：自信、自爱和自我观。

自信是自尊的支柱之一。

它主要针对我们的行为。

自信是自爱和自我观的运行结果，因为自信需要行动来维持和发展。

“较高的自信表现在：不过度地害怕未知和挫折。”瑟琳娜补充道，“有自信的人往往充满着魅力。而这样的**魅力来自于对自我的接受，**无论优点还是缺点。而这是埋藏在人的潜意识里的。”

“也就是无论优点缺点都接受的人会拥有一种魅力，对吗？”提娅问。

“对！在接受的基础上再谈改善才有意义。”瑟琳娜点点头说道，“夏琳的闪亮主要表现在她对自己的喜爱，简单来说就是足够爱自己。”说完，她又给提娅发了一些资料。

小贴士

自爱

自爱是自尊三大“成分”中最重要的部分。

自尊意味着自我批评，而自爱是完全无条件的。

高度自爱的人，尽管知道自己有缺陷和不足，有失败和挫折，但依然觉得自己是值得爱和尊重的。

在遭遇困难时我们难免会感到痛苦和怀疑，但自爱让人免于绝望。把注意力始终集中在自我肯定上。

小贴士

自我观

自我观是我们如何看待自己，对自己的优缺点的评估，无论有无根有据。自我观积极的人相信自己、相信希望，将注意力放在积极的方面，让自己始终掌握部分主动权。

“丹尼尔的闪亮主要表现在他对自我的认知，也就是自我观的部分。”瑟琳娜补充道。

“反正，我很佩服他的这种坚持。”这点提娅承认。

“要相信，专注力保持在积极的自我坚持上，时间足够长，是会有不少收获的。”瑟琳娜说。

而实际上也确实如此。半年以后，丹尼尔的业绩出现了爆发式的增长，很快就成为电话销售部门的佼佼者。

原先他生硬的沟通渐渐变成了一种踏实可靠的风格。一年后，他成了这个部门的主管。

而丹尼尔的自信也就在这个过程中逐渐体现了出来。

3. 过于亢奋的咨询师

招生季，咨询师是全公司最受重视的岗位。可以说是一切部门都为他们服务。但有时太过了。

一天，两位怒气冲冲的咨询师径直冲到人力资源部薪酬专员茜茜的工位上。

“我们这个月的绩效工资怎么少很多呀！”

好在茜茜稳住了局面，给她们调看了相应的信息。原来是她们没有细看上个月有关绩效工资比例调整的邮件。

虽然是她们的疏忽，但她们嘴上还不饶人。

“你们这样弄，谁看得清楚呀！”“是呀！”两个人抱怨道。

“哦！”茜茜没有多话，忙自己的工作去了。

两人见状，愤愤然离开。

而在一旁的提娅则想：“总部薪酬专员的工作很重要，他们怎么能这么随随便便说来就来呀！这样太过分了！”

中午，提娅约了茜茜单独吃饭。

“我记得半个月前新的薪酬计划已经讲了很多次了呀！”提娅说。

“是呀！他们老这样，我在做校区专员的时候就已经见怪不怪了。”茜茜说。

“难怪茜茜能够如此老练地应对那些咨询师了。”提娅心想着，继续问，“她们干吗不直接问校区人事呀？”

“有些人是去问校区人事，但还是有些人习惯直接来问我。”茜茜无奈地说。

“但这样不对呀。”提娅摇摇头说。

“是呀！但跟他们说没什么效果呀！而且现在正处于招生季，他们就更难听进别人的话了。”茜茜更加无奈地说。

“是的，谁都知道他们现在的压力大。但你的电脑里可是有关总公司所有人员的薪酬数据呀！”提娅提示道。

“嗯？你想说明什么？”茜茜觉察到了一些问题。

“薪酬是无论如何都要确保保密的。招生压力再大也不能成为接近全员薪酬信息的理由。”提娅把话展开来讲。

“哦！我明白了！”茜茜点点头。

一周后，人力资源部经理莫妮卡发布通知：

非办公原因，严禁任何人员接近公司总部薪酬专员工位。违者扣当月绩效10%。

相关部门负责人签名：

趋利避害上，人的注意力更容易被避害所吸引。因此，以后就没有咨询师直接跑到茜茜工位上的事了。

4. 忙碌下的专注力贫乏

提娅将工资专员的事情讲给瑟琳娜听。

“重点抓得不错哦！”瑟琳娜赞许道。

“茜茜也不错呀，很快就把事情搞定了。”提娅说。

“是呀！你也只能提醒一下，具体还得靠她。职场里不越界这个道理我相信你是懂的。”瑟琳娜说。

“其实，这些咨询师之所以敢这么做，是因为她们觉得人力资源部是个服务部门，更何况是招生季。”提娅严肃地说，“但即使是服务部门也有自己的底线吧！更何况人力资源部在公司的职能不只服务这么简单。这是一个名则服务实则管理的部门。”

“哦！总结得不错。”瑟琳娜十分惊喜提娅对人力资源部的表述。

“哈哈！无意间记下的。我在应聘这个公司的时候，总经理还问过我，所以印象还有些。”提娅不好意思地说。

“就我感觉你们部门同事间还是很团结的。”瑟琳娜感叹。

“是的，无论南希还是茜茜，还是其他人员都很好相处。”提娅笑道。

“她们难道就一直就这么好相处吗？”瑟琳娜反问。

“不一定。有时压力大的时候，还是有些麻烦。南希心情不好的时候比较明显，而茜茜比较则内敛，就是爱生闷气。”提娅说。

“不过，最明显的还是你吧！”瑟琳娜一语道破。

“是……”提娅低下了头。

看着提娅这副样子，瑟琳娜转换了话题。

“不知道你发现没有，人在压力大或者情绪不好的时候，很容易按照直接反应去行动？”瑟琳娜问。

“对！我感觉是一种机械反应。其中，要么是旧习惯，要么是原始本能。”提娅回答道。

“这是因为人在不良状态的时候，是很难控住自己的行为的。”瑟琳娜解释道，“就像几个月前，你也是这样的。”

提娅点点头。

“人在巨大压力或者忙碌的时候，会形成一种视野狭窄，这个时候如果他们没有觉察，将很难有多余的精力去维持视野范围外的事情，比如礼貌、大局观。”瑟琳娜继续解释。

“也就是像那时的我一样在钻牛角尖吗？”提娅问。

“嗯。你是思维上的钻牛角尖，而他们是行动上的简单机械。”瑟琳娜说。

“这两者有什么区别呢？”提娅问。

“在面对波折时你选择了自我攻击，她们选择了对外攻击。”瑟琳娜说。

“哦。那这个时候需要如何做呢？”提娅问。

“这个其实你已经有所体会：打断、给时间增加精力、调整思维、赋予信息以好的意义。”瑟琳娜说。

“但他们和我又不是同一个部门的，很多的方法感觉不能适用于他们。”提娅指出。

“一步步来吧。反正你们这次的打断做得不错。加油！”瑟琳娜鼓励道。

“也是，等压力没那么大的时候，他们不得体的行为就少很多。”提娅点点头。

回到家，提娅将这次收获做了一个整理。

提娅的笔记

避免欲速则不达

当人处于巨大压力或者忙碌状态的时候，精力会严重下降，从而会导致注意力过度聚焦，只盯住眼前和最基本的需求，机械式地重复以往的行为，哪怕这个行为是无效的甚至是有害的。

当事人要及时觉察出这种状态，及时打断，补充精力，让注意力及时有效地从这种狭窄视野中跳出来，及时调整行为，获得更为长久而平衡的生活工作状态和目标。

5. 部门间的矛盾

半个月前总部一封涨薪通知，让整个分公司炸开了锅，而有关这个事情的议论一直持续不断。

“莫妮卡经理，为什么这次给财务部涨那么高的工资呀？”

“是呀，快翻一倍了。”校区人事专员们很想知道自己的薪酬什么时候能涨。

对此，莫妮卡只好安慰他们：“这应该和公司今年要上市有关。放心，你们涨薪的事情，我会向上写报告的。”

不然能怎么样呢?

其实，何止财务与人力资源部的暗自比较，咨询部和教学部之间的是是非非，也从来就没有停止过。

在公司里，常常可以见到这样的情景：

咨询部的人说：“这个单这么大，当然得用这里最好的老师来试讲了。”

教学部的人说：“你这是违规吧！公司规定不许这样。”

咨询部的人马上换了个温和的表情说：“通融下吧！这个月公司给我们这个校区的业绩压力太大了。”

教学部也毫不示弱，拿出排课表说：“你看看，我这老师的课程满成什么样了！”

但渐渐地大家都达成了一致：人力资源部招聘不到位。

咨询部说：“哎呦！这人力资源部招人怎么这么慢，好点的科目老师至于这么难招吗？”

教务部很气愤地说：“没办法呀！我们只能等呀。”

接下来，就剩下人力资源部满肚子委屈了。

于是提娅向瑟琳娜诉苦。

“哈哈，看来你们公司部门都很有团队精神呀！”瑟琳娜笑道。

“是啊！都太懂得为自己部门着想了！”提娅感到很无奈。

瑟琳娜微笑道：“别小看这个哦！敢于维护自己所处的团队利益，是一种相较于个人更高的本能需求。”

提娅惊讶了。

瑟琳娜重新拿出那张《马斯洛的需求（专注力）等级表 -1》

马斯洛的需求（专注力）等级表

专注力等级表
是一个倒着的马斯洛需求表。

	反感的专注力	吸引的专注力
心理的需要（生存和繁殖）	饥饿和焦渴 性别抵制 对孩子的任何威胁 疾病	食物和水 性别和谐 对孩子的照看 健康的身体
安全的需要	可疑的陌生人 武器（别人的） 坏天气（飓风、暴风雪） 自然灾害（火灾、地震）	值得信赖的朋友和家人 武器（自己的） 抵抗自然力的栖息之所 应对灾害的资源
归属感和爱的需要	孤独 被排斥 被反对 残忍的	亲密 受欢迎 意见一致 善良的

在同一层次中，反感专注力的吸引大于吸引注意力

马斯洛的需求（专注力）等级表 -1

“也就是说，他们超越了第一个层级，所以开始关注第二甚至第三个层级了，对吗？”提娅问。

“对！所以我才说别小看这个呀！”瑟琳娜说，“懂得支持本部门人员，在你们公司形成了一种氛围。这也就是你们公司部门内部的关系都比较好相处的原因。”

“瑟琳娜姐姐，你说人是怎样才能超越个人的私心，将注意力扩展到团队呢？”提娅的好奇心很强。

“哈哈！如果连这个都办不到，你们这个公司根本就不可能生存下去，更谈不到现在的发展了。”瑟琳娜笑着说，“而之后，公司也会有意或者无意地在找有团队精神的或者相关潜质的人，并将没有这方面精神的人淘汰掉。简单来说就是：物以类聚，人以群分。”

提娅点点头。

“首先通过招聘和工作找到这样的人，然后这样的人只需要在满足基本个人利益的前提下，就会自动向团队靠拢。而这份团队内部的认同，反过来也会对这个人形成强大的吸引。”瑟琳娜继续说，“所以，他们才会觉得在遭遇部门间矛盾时，都是别的部门的不是。”

“好我接受。可是一个公司不是单靠一个部门就能运转得好的。”提娅有些无奈地说，“能不能搞部门间的联谊，来打破这种局面呢？”

面对提娅的突发奇想，瑟琳娜冷静地指出：“这是个办法，但你现在有这个权限和资源吗？”

“没有。”提娅低下了头。

“你要想自己能做的吧！”瑟琳娜说。

“能提示一下吗？”提娅问。

“具体办法得看当时所处的场景，我们现在所能做的只是梳理一下相关理论。”瑟琳娜说，“这样吧！我还是从注意力的角度给你切入吧。”

6. 注意力平衡：日常自我管理的目标

“也对哦！注意力转移了矛盾最起码可以缓解一下。”提娅试着按照自己的思维习惯去理解。

“更确切地说，是针对不同类型的注意力，进行不一样的引导。”瑟琳娜说。

将注意力进行分类的话题引起了提娅的兴趣。她连忙说：“哦！我也感觉到了注意力之间是有区别的，但一时说不清楚。”

“不急！我们一步步来。”瑟琳娜说道，“我问你几个月前陷入困境时，你的注意力重点放在了什么地方？”

提娅一下子陷入了回忆中。她感觉到各种感觉涌上心头，其间有悲伤、有压抑、有自责。但她感觉自己一下子无法用语言表达出来。

“当时，我好像注意了很多事情。但一下子都说不上来。”提娅实话实说。

“这很正常！因为这些注意力是被动打开的，也就是在你没有觉察的时候，你的大脑以及你的身体是自动打开的。而且，大部分都是令你想要逃避的事情。”瑟琳娜说。

提娅想起了注意力等级表，点头说道：“也是呀！在同一层级人对反感事情是比吸引的事情更关注些。这是因为什么呢？”

“趋利避害。但避害的本能大于趋利。”瑟琳娜说，“也就是，如果不进行一些后天改进，**人天然的会选择关注痛苦的事情。**这原本是大自然给我们逃避危险的警示灯，而在我们现在生活的范围内就不合适了。因为逃避不了，而且一般情况下也没那么紧急。但我们的身体就不断地本能性的施压，从而耗损我们的精力，因此状态会越来越差。这些内容虽然和我们获得快乐没多大关系，但如果不避开它一定会很痛苦。”

“嗯，这也是你刚刚提到的避害大于趋利吗？”提娅问。

“对！因此，注意力分类的一个维度是被动与主动。还有一个刚刚也提到了，是反感与吸引，也就是避害与趋利。”瑟琳娜说，“你再想想，那些传你办公室八卦并给你尴尬的人是种什么心态？”

提娅回忆道：“嗯。照我的感觉是她们无意间就被这个话题吸引了。当然，也不排除有人是故意想让我难堪。”

“对！刚才那个词用得好：无意。与之对应的就是有意，也就是你不排除的那类人。”瑟琳娜赞许道。

“这也就是第三个分类：有意和无意。对吗？”提娅问。

“对！这就是注意力的三组分类：主动与被动、反感与吸引、有意与无意。”瑟琳娜说。

“然后，针对这六种注意力，就可以采取不同的策略去解决吗？”提娅问。

“错！不是解决，而是维持平衡，最大化效用你的每天有效的精力。”瑟琳娜解释道，“如果你的生活中太多被动的注意力，你就会丧失价值感和改变的勇气；而如果太多主动了，人又会感觉到疲于奔命。太多抗拒会让人陷入痛苦，但太多追求也会让人缺少了必要的警惕和防范。太多无意就容易随波逐流，而太多有意就会陷入算计过度的困境。”

“瑟琳娜姐姐，我有点晕。”提娅感到有些无所适从。

“不急！一步步来嘛。因为这个平衡是动态的，需要不断调整。你所需要的只是先找到不平衡点，然后适当调整就好。”瑟琳娜安慰道。

“那，如果找到不平衡点了，接下来应该怎么处理呢？”提娅问。

“你不是经历过吗？想想。”瑟琳娜说。

这又把提娅的兴趣给勾了起来，她回忆道：“我记得，最初我对生活充满抗拒，也就是反感注意力过多时，瑟琳娜姐姐提示我：要**赋予困境以意义。**”

“对！赋予意义和希望，让自己再大胆地往前走几步。”瑟琳娜提示道。

“最近，那些不顾其他人感受跑来问工资的咨询师，他们的注意力是被工资这个结果吸引的，有意识跑来问。我这采取的应对方法是警示。”提娅说。

“对！也就是亮出必要的警告，并做到言出必行。”瑟琳娜说，“可是，应对八卦这个事情上，你的解决其实有太多运气成分在里面了。”

“也是，我只是有针对性地做了一些暗示。而最重要的还是因为大家后来被工资的话题所吸引，从而转移了注意力。”提娅点点头。

一下子思考了这么多东西，提娅感到了头晕。于是，谈话就此结束了。

7. 岗位面谈：咨询师

提娅找到皮特总监，要他帮忙引荐一下各个岗位的人，方便自己全面了解各个岗位进而提升招聘效率。由于这是个顺水人情，所以皮特答应了。

果然，有了校区总监的引荐，提娅获得了更加有效的信息。

“你觉得什么样的人才能做得好咨询师这个岗位？工作经验吗？”提娅问。

咨询主管露露耐心地回答：“工作经验固然很重要，但我觉得更重要的是要有很强的赚钱欲望。”

提娅感到现实和那条理分明的岗位说明书果然不一样，于是继续问，“能具体说明下吗？”

“咨询师的压力业绩其实很大的。我认为如果没有足够的欲望是很难实现自我突破的，也就很难胜任这个岗位。”露露认真地回答，“就像一个刚入职的咨询师，其外表好看与否、声音好听与否以及态度的好坏都不足以判定这个人能否通过试用期。最重要的是这个人要有足够的赚钱的欲望，才会不在乎一次次失败，眼中只盯着业绩，扛过最难的那个时期。”

“坚持，对吗？”提娅问。

“不全对，重要的是在这个过程中，要有意识地磨炼自己的技巧和风格，达到与家长一见面迅速建立自己的专业形象，面谈过程中找出顾客的痛点并加以铺垫。”露露回答道，“也就是在练习的过程中保持进步的**迭代性，**练到自然流畅的状态。”

“迭代性。这个词用得真好！”提娅感叹道。

“哪里。简单来说，就是达到自然流畅地掌控住互动中的话题主控权。”露露有点谦虚地说。

这一番话让提娅豁然开朗，她继续问：“什么样的人能容易达到这样的状态呢？”

露露思考了一会儿说：“一般而言，具有亲和力的咨询师比较占优势。”

“那这方面，女性比较有优势哦！”提娅继续跟进，“那是不是在招聘的过程中关注那些很有亲和力的人会更好呢？”

“这个不能硬靠性别来划分。有的男咨询师就很有亲和力，而有的女咨询师走的就是干练风格，业绩也很不错。”露露说，“因此，真不能单看外表。每个人都有自己独特的拿单能力，但什么才是最适合自己的需要当事人耐心挖掘。”提娅认真点点头。

“也有那种外形和性格都不占优势，但做得不错的咨询师。”露露补充道。

“哦？”提娅看着她，好奇地问，“能具体说说吗？”

“不过这种人的实力需要一段时间努力才能爆发。我记得杰生总监那边就有一个。”露露回答，“这个人看起来有点呆，当时谁都不看好，甚至成了校区的笑点。但因为他没有更好的选择，所以他一直坚持着。”

“哦！我想起来了，杰生校区的人事专员丹跟我说过：校区新装修开业时，当时总经理在那他率先完成了第一单。自那以后，他的业务能力火速提升，业绩节节攀升。”提娅补充道。

“你还记得他呀！”露露笑道。

“他是我面试的嘛！他确实没有什么优势。但可能就是因为如此，所以他觉得自己必须做好。”提娅说。

“总而言之，风格不是固定的但态度是肯定的。而无论怎样的风格和态度，都要修炼到牢牢把控住来访家长的注意力。”露露总结道，“这里一个很重要的技巧就是：**人会天然的将注意力放在谈论与自己相关或者在意的事情上。**”

这和提娅的面试工作技巧刚好不谋而合。

提娅突然想到了夏琳，于是在征得对方的同意后问：“你认为电话营销转咨询的夏琳难以完成促成的原因是什么？”

“她很多方面是很不错。但我总觉得她在面对机会的时候缺少一种狠劲，也就是那种敢于给对方制造紧张感的魄力。”露露说出了自己的看法，“但这是她的心思，如果她不说，旁人也不好插手。”

“也是。”提娅点点头。

“所以觉得她挺可惜的。也可能是因为她的家庭条件好，所以就没了那种急于赚钱的目标感。”露露说。

“看来有时优势反倒成了劣势。”提娅感叹，“不过还是真的很感谢你！你让我知道了咨询师这个岗位真的不能一开始就急于判断一个人行不行，而只能看这个人的态度，以及之后的事实了。”

“一般而言有经验的还是好用些，因为他们比较容易理解让准顾客既产生兴趣又觉得非买不可这种复杂感觉的微妙。”露露笑着说。

“我的总结是：招聘咨询师时，如果对方有相关经验，那么就不需要那么在意对方的是否积极主动。而如果对方是那种积极状态的，就可以在经验上适当放宽要求。你看可以吗？”提娅问。

“嗯，总结得不错！”露露点点头。

8. 岗位面谈：市场部

上班路上提娅无意中发现了一则对公司不利的新闻，连忙拍摄了下来。

一到公司，她马上把这个事情告诉了市场部经理保罗。

保罗马上向总部写了求助邮件，并附上提娅提供的视频。

有了这件事的铺垫，提娅找保罗经理了解市场部的岗位情况就轻松得多。

“这回要招个什么样的网络营销呢？”提娅问。

“放心，我已经把需要考察的知识点做成了卷子。你到时只需要关注这个人的工作经验和性格就可以了。”保罗温和地说，“你要是觉得这个人还不错，就用卷子测试一下，改卷子这个环节还是交给我，无须费心。”

“这确实简单了很多呀！”提娅感激地看着保罗。

小贴士

成全别人，别人才更愿意能成全你。

于是，提娅趁机全面了解市场部的岗位情况。她问：“你觉得一个优秀的市场部工作人员应该具有什么样的素质呢？”

保罗想了一会儿说：“首先是勤奋，然后就是相关的沟通能力。如果再加上一条那就是有些创新意识。”

“为什么你把勤奋放在首位，而创新精神放在第三呢？”保罗的回答让提娅感到有些困惑。

“市场部最重要的是打造以及维护公司品牌在消费者心目中的形象。而打造和维护形象的基本点不是出彩儿，而是要让对方记住。再美好的创意如果没有被相关人员记住，仍然是没有达到市场推广要求。”保罗认真地回答，“而让众多消费者记住，最重要的是不断给消费者留下公司想要打造的品牌印象，而这需要进行长期大量的重复工作。”

这一番言论让提娅恍然大悟。

“当然，作为市场人员，沟通能力是必不可少的。但沟通形式可以有很多种，比如书面的、口头的、线上的、线下的。关键是要有一项特别突出的沟通方式。”保罗接着说，“至于创意，那是在竞争激烈的时候，为了与竞争品牌突出，让消费者注意到而进行的。但无论怎样，不断重复的工作都是不能少的。”

“也就是一助攻的位置，对吗？”提娅问。

“对！”保罗点点头，“在这个基础上加上好的创意，就像是运用了乘法，使效果飞速提升。”

“看来都很重要呀！”提娅感叹，接着问，“那你觉得怎样的人具有创意的潜质呢？”

保罗想了一会儿说：“你只需要关注两点：一是这个人是否够坦诚；二是这个人是否够勇敢。”

“不应该是丰富的联想力吗？”这一下子让提娅迷糊了。

“错！创意的关键是直指人心，而不是广泛。”保罗纠正提娅，“只有直指人心，产生共鸣，才会让人在短时间内记住品牌相关的东西。而广泛或者雷同反而会被人忽略。”

提娅突然想到一句话：**“人最喜欢的是讨论自己以及与自己相关的话题。”**

于是，她心悦诚服地道谢后，并把所了解的内容做了整理。

9. 纠正注意力不平衡的方法

晚上，提娅看着笔记发呆。

“太多被动的注意力，就会丧失价值感和改变的勇气；而如果太多主动了，人又会感觉到疲于奔命。太多无意就容易随波逐流；太多有意就会算计过度的困境。”提娅思考着，“那什么是平衡呢？”

想了半天她也没有找到答案。于是，她只好换了一个角度。

她想到自己精力恢复的那段时间里，瑟琳娜给她提过，要把多出的精力赶紧用到有价值的事情上。

“如果不刻意用到有价值的事情上那会怎样呢？”提娅反过来想，但一时找不到答案。

周末，提娅亲戚们的串门给出了这个问题的答案。

提娅的大伯前年到了退休的年龄，每个月可以稳定地获得一笔不错的退休金。于是，很多人都觉得他的生活从此以后应该没什么值得担心的。

几番寒暄后，有人开了口：“你现在终于退休了，日子应该好过多了吧！”

“哪里，我还是觉得有点工作比较好。”大伯回答得很直接。

“不会吧！”大伯的回答让其他人很惊讶。

“你应该知道，以前跟我玩得很好的那个刘老头吧？”提娅的大伯说。

“对！挺老实本分的一个人呀。”有人说。

“是呀！他退休后，就只会去打牌、喝酒。结果身体就这么垮了。”大伯平静地说。

“也是呀。”人们纷纷表示认同。

“所以，我又找了份轻松的工作。钱不多，但我感觉比在家无所事事要好。”提娅的大伯淡淡地说。

周围人都为他这种有远见的行为表示认同。

提娅本想问：为什么不让他做家务，或者鼓励他去参加一些文体活动。但经验告诉她：行不通。

不过，她从这番谈话中明白了一个事实：如果不把多余的精力合理使用，多余的精力反而会给当事人造成不良影响。

晚上，提娅想到了马斯洛的需求等级表。

“如果不注意引导，注意力会本能性的关注为满足的、基础的内容。”提娅一边想着，一边翻看《马斯洛的需求（专注力）等级表 -2》。

专注力等级表
是一个倒着的马斯洛需求表。

	反感的专注力	吸引的专注力
心理的需要（生存和繁殖）	饥饿和焦渴 性别抵制 对孩子的任何威胁 疾病	食物和水 性别和谐 对孩子的照看 健康的身体
安全的需要	可疑的陌生人 武器（别人的） 坏天气（飓风、暴风雪） 自然灾害（火灾、地震）	值得信赖的朋友和家人 武器（自己的） 抵抗自然力的栖息之所 应对灾害的资源
归属感和爱的需要	孤独 被排斥 被反对 残忍的	亲密 受欢迎 意见一致 善良的

在同一层次中，反感专注力的吸引大于吸引注意力

马斯洛的需求（专注力）等级表 -2

“或许，刘爷爷也是想从喝酒和打牌中找到归属感。但光靠酒桌和牌桌上怎么可能找到值得信赖的朋友呢？”提娅心想，“大伯选择了通过工作结交新的人际关系。毕竟，工作上得知的信息更加有保证，而且可以凭借工作让自己和其他人有长期而有效的互动。同时，因为有了更多的收入，更能确保最初的需求。”

提娅感叹大伯的智慧，于是赶紧把想法分享给了瑟琳娜。

“你没发现他们两个，一个是主动选择自己的生活，一个是被动的生活吗？”瑟琳娜提出了另外一个维度的看法。

“好像是呀！”提娅点点头。

“无论主动或被动，人的需求就在那里，只是迫于形势被压抑住了。”瑟琳娜认真地讲，“退休金使得他们都能被动地获得最基本的生存能力。但你的那个大伯是在主动思考如何生活才更幸福和长久，并加以执行，所以能越来越好。刘爷爷则让自己完全陷入了被动中，所以活成了随波逐流的摸样。”

“是呀，想要让自己状态更好点，就需要让自己主动和被动兼有，对吗？”提娅一下子有了感悟。

“对呀！想着自己要什么，可以让自己主动。而想要有效利用自己所拥有的资源，则需要一定的被动效率作为支撑。”瑟琳娜说。

“我怎么感觉被动更难一些呢？”提娅提出自己的看法。

“哈哈！那是自然呀！很多人追求一辈子的财富自由，其实就是不需要什么注意力考虑基本的生存问题，从而让自己有条件去追求更高。”瑟琳娜解释说，“很多人误以为财富自由应该有个非常具体而且巨大的数量，其实不然。所谓财富自由只是被动收入大于支出。”

提娅认真地点点头。

“另外，很多人还误以为一定要做到永远是这种状态。而实际上，财富自由可以是一段足够的时间。”瑟琳娜继续说，“就像你的这个大伯，钱虽然不多，而且其实也不能确保自己以后的被动收入就一定能大于自己的花销，也不能确保自己目前良好的状态到底有多久；但他还是让自己争取了一点空间，让自己有了更多方面的兼顾。而兼顾了更多需求层次以及注意力类型，人就更容易感觉到幸福。”

“其实有不少老人做得比他更好，他只是稍微比之前好点。而有的老人利用退休的机遇发现了一个新的自我。”提娅说道。

“这真有几分居安思危的味道。”瑟琳娜笑道。

之后，提娅添上了两条注意力的纠正方法。

太多被动的注意力，就会丧失价值感和改变的勇气。

改进办法：想想自己想要什么样的生活，找机会实现。

而如果太多主动又会感觉到疲于奔命。

改进办法：评估自己所需资源的数量，减少不必要的追求，将注意力放在更必要或者更想要的事情上。

接着，她把新加上的内容发给瑟琳娜。

瑟琳娜：不错呀！还差无意和有意的那一对了。

提娅：无意那个我知道，就像哄孩子一样，创造一些兴趣点或者赋予意义。但无意那个我就不明白了。

瑟琳娜：哈哈！这个你也应该知道呀。也就是你事情太多时应该进行一些系统化管理呀。

提娅：那不就是上次要茜茜通知的事情吗？但上次你说那是反感注意力呀。

瑟琳娜：一个事情是可以有几种注意力的。你辨认出了什么也就决定你如何处理。但最主要的是要抓住你最想要的。

提娅：明白了。

于是，整张表格就完成了。

专注力不平衡的调整办法

类型	危险	改进方法
太多抗拒	陷入痛苦	赋予意义，多走几步
太多追求	让人缺少了必要的警惕和防范	警示
太多被动	丧失价值感和改变的勇气	想想自己想要什么样的生活，找机会实现
太多主动	人会感觉到疲于奔命	评估自己所需资源的数量，减少不必要的追求，将注意力放在更必要或者更想要的事情上。
太多无意	容易随波逐流	创造一些兴趣点或者意义，再做一次
太多有意	算计过度的困境	进行统系统化管理

专注力不平衡的调整办法

10. 本章小结

小结图 -1

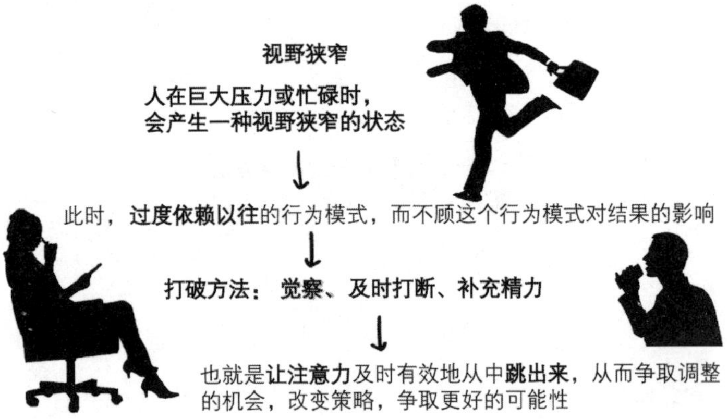

小结图 -2

注意力的六种类型

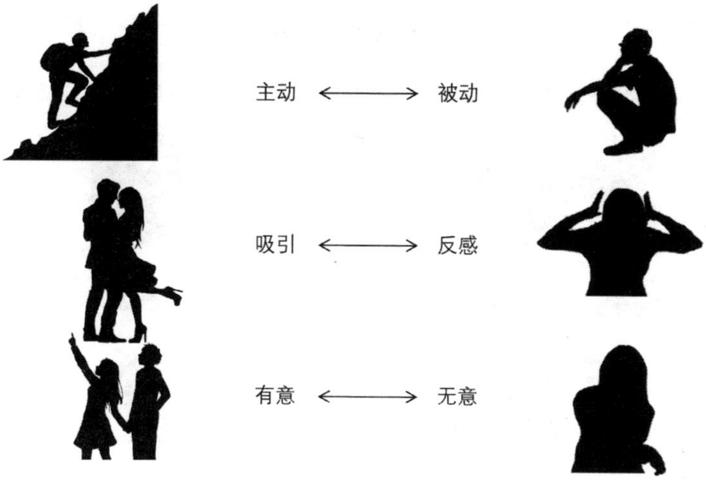

小结图 -3

注意力的专注点往往是**不知不觉**中根据**预先设置**（生物本能、后天学习和经历）打开的，然后大脑根据以往的设置**机械地**让人产生相应的感觉和行动

因此需要留意自我的关注点，并进行及时调整

小结图 -4

注意力不平衡的调整办法
太多抗拒会让人陷入痛苦
改进办法：赋予意义，多走几步
太多追求也会让人缺少了必要的警惕和防范
改进办法：警示

小结图 -5

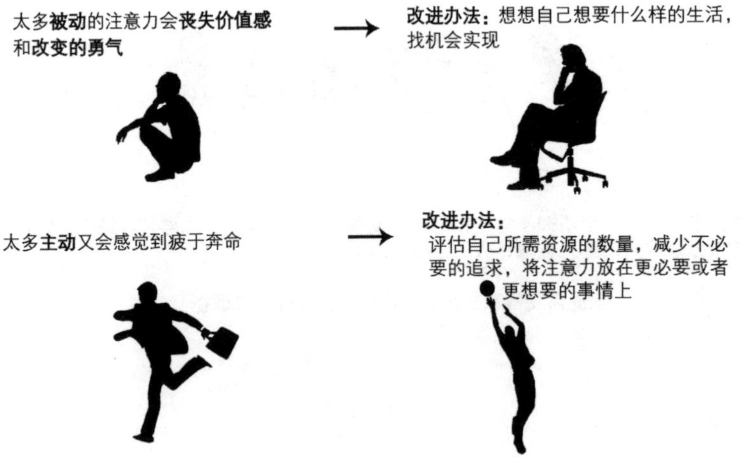
太多被动的注意力会丧失价值感和改变的勇气
改进办法：想想自己想要什么样的生活，找机会实现
太多主动又会感觉到疲于奔命
改进办法：
评估自己所需资源的数量，减少不必要的追求，将注意力放在更必要或者更想要的事情上

小结图 -6

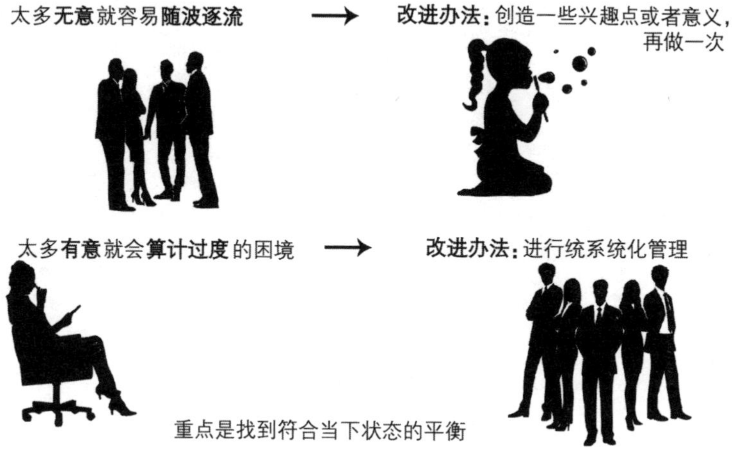

太多**无意**就容易**随波逐流**
改进办法：创造一些兴趣点或者意义，再做一次
太多**有意**就会**算计过度**的困境
改进办法：进行统系统化管理
重点是找到符合当下状态的平衡

小结图 -7

第6章

新角色

机会往往是在不经意间出现的。

如何抉择？抉择以后应该把专注力放在什么地方？

意想不到的升职突然降临在提娅身上，可随之而来的则是一场场人际关系的风波。提娅如何从中化被动为主动？

本章将具体来讲。

1. 不经意出现的机会

Sam 副总突然提出要组织一场管理人员潜质考核。

他向人力资源部借调了提娅负责场地的安排、人员管理以及考场辅助。

由于做培训的缘故，这些工作对于提娅而言是很顺手的。于是，她很轻松就完成了任务。

考核当天，三十多人井然有序地进入考场。作为助理的提娅协助 Sam 副总完成了试卷的发放。

“这个测试有两个小时，请不要相互讨论。”在 Sam 副总宣布后，考试正式开始。

室内安静了下来，提娅坐在空位上，一边待命一边看着多余的卷子。

卷子上只有一道文件筐测试题。

小贴士

文件筐测验是情景模拟测试的一种，它是对实际工作中管理人员掌握和分析资料、处理各种信息，以及做出决策工作活动的一种抽象和集中。

方法：测验一般只给日期、背景介绍、测验指示和纸笔，考生在没有旁人协助的情况下回复函电、拟写指示、做出决定，以及安排会议。评分除了看书面结果外，还要求考生对问题的处理方式做出解释，根据其思维过程予以评分。

特点：文件筐测验具有考察内容范围广、表面效度高的特点，因而受到管理层的青睐，使用频率居各种情景模拟测验之首。

于是，提娅尝试着去做。

“首先要明确的是岗位职责和相关组织结构，顺便标明当下的时间点。”提娅心想。

于是，她画下了题目中所介绍的组织结构图，并标上相应的时间点。

“接下来就是任务的梳理了。因为这样可以有效地分配有限的精力。”提娅继续想着。

好在有之前的工作基础，题目完成得很顺利。

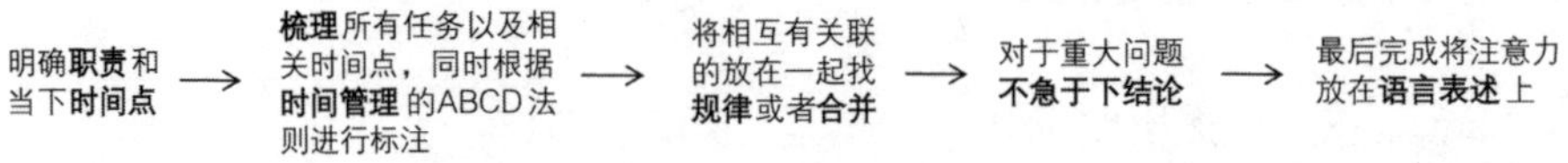

提娅的梳理

两个小时答题时间很快就结束了。提娅一面收集试卷，一面很想知道自己的思路是否正确。但为了避免被人误解为“显摆”，她决定缓一缓。

待相关人员散去后，她向 Sam 副总请教：“Sam 总，我对于卷子上的题目有自己一些想法。您可否花几分钟帮我看看？”

Sam 副总很爽快地答应了。

但令提娅失望的是：副总听了她的表述后，不置可否。于是，她只好作罢。

虽然没有得到回应，但提娅觉得自己尽力了。

“就当重温学生时代的考试时光吧！”提娅自我安慰道。

于是，她释然了。

小贴士

很多事情是无法一下子看到结果的，但求努力争取，兼顾周围，无愧于心就好。

2. 决策思维浅析

周末，提娅将自己的题目分析告诉了瑟琳娜。

“看来越来越懂得活学活用了呀！”瑟琳娜笑道。

“哪里，我只是觉得这个题目刚好和时间管理的一些方法对应起来罢了。说白了，就是将事情进行了步骤化，并把握好每个阶段的专注点罢了。”提娅得意地说。

“我只是很好奇，要是真的给你机会去进行稍微复杂一点事情的决策，你能办到吗？”瑟琳娜一下子点出了提娅的盲区。

提娅一时无语。

瑟琳娜意识到自己的要求有些过高了，连忙解围道：“你呀！别一下子把事情想复杂了。你可以从日常生活中类似的事情进行分析，找找灵感和规律。”

于是，提娅思考了一下说：“我记得去年我家进行了一次厨房小装修。由于是家居装修，所以我和妈妈都很慎重。因此，我们决定用 3 个月的业余时间去探探底，然后再决定如何装修。”

“那你们是如何做的呢？”瑟琳娜提示道。

“我和妈妈进行了分工。我负责网上找资料，她负责向相关的亲戚朋友去打听信息。”提娅说，“之后，我们将相关信息汇总，再去找一家装修公司询问。”

“然后就定下来了吗？”瑟琳娜问。

“没有。因为妈妈说要货比三家。而我也觉得妈妈说得很有道理。”提娅答道，“于是，我们再多比较了几家，同时又搜集了一些相关信息。直到时间花得差不多了，才敲定一家。”

“不错！”瑟琳娜赞许道。

“但这样的思路能直接用在公司决策上吗？”提娅疑惑地问。

“就我的经验，你这样的思路还远不足以做出稍微大点的决策。”瑟琳娜认真地回答，“公司里稍微大点的决策不同于个人事务，其牵扯的人际关系的复杂程度、对风险的把控，以及对任务达成的要求等远比你这个家居装修高得多。不过，你的几条思路还是不错的，比如给调研一定时间、先了解相关信息再说、多留几个备选外包方。”

“谢谢！”提娅点点头。

“如果你在风险控制和从长远角度思考方面加强一下，或许有比较大的突破。”瑟琳娜说道，“不过，就个人事务而言，你们已经做得很不错了。毕竟这个事情只需要确保安全、耐用、易打理就可以了。”

“你那有没有个完整的决策思路给我呀？”提娅笑嘻嘻地说。

“可以，你先了解一下也好，以后再实践中一步步完善吧！”瑟琳娜答道，“所需要注意的是，每个阶段所应该专注的点是不一样的。”

说完，便发了一个资料给提娅。

小贴士

如何做出更好的决策

拓宽选择空间 →	把假设放在现实中检验 →	在做出决策前，留出一段距离来考虑 →	做好出错的准备
避免思维单一 找相关人员 多留些选项	尝试	尊重核心价值	设置安全线

虽然，这只是很粗浅的一部分，但提娅还是感到思路扩展了很多。

3. 总经理的意外任命

莫妮卡已经有几次不告而别，而这一次超过了一周。整个人力资源部有点不知所措。

而此时，Sam 副总突然通知提娅去总经理办公室一趟。

这让提娅有些莫名其妙，但她没有理由拒绝。

一进总经理办公室，总经理就问提娅：“你想不想接任人力资源部经理的职务？”

提娅愣住了，但她深呼吸一口，想了想说：“我愿意接受这个挑战！”

总经理点点头后提娅就被请出了办公室。提娅感觉自己恍恍惚惚的。

她没想到，这个改变她职场发展的重要时刻，全程不到 5 分钟。

第二天，总经理发文，宣布提娅为人力资源部代理经理，代理期 3 个月。

提娅心想：“或许那次考试就是促成这个的原因之一。”

间隙中她把事情告诉了瑟琳娜。

提娅：我被任命为人力资源部代理经理。

瑟琳娜：恭喜！

提娅：但我不知道怎么应对。

瑟琳娜：你目前最应该做的是谦虚低调，完成好手头的工作。其他都是浮云。

提娅：好的。谢谢！

有了瑟琳娜的指点，提娅心定了下来。

于是，第二天，无论其他人怎么说，提娅都只是客气地应付说：“哪里，我只是个代理罢了。相信莫妮卡经理完成了自己事情，会回来的。”此时的她小心万分。

但营销总监凯恩对提娅的态度很冷淡。提娅觉得：可能是他觉得自己不够灵活，并不适合当人力资源部经理。但此时的提娅没心思去关注这些，她现在最需要的是理清部门的工作。

提娅想将自己手头的部分工作交给南希，但遭到了南希的强烈反对。

“这事我做不了！”南希直接拒绝。

“好的。”提娅轻声答道。

看着那个一向对自己包容而温和的南希，却变成了一个对自己冷淡的人，提娅感到一阵难受。但提娅不想用职权去压她。

“赞美不一定真，但嫉妒一定不假，这就是职场不同于学校的地方。”提娅默默地想着。此时她内心很沉重，但她知道此时只能继续走下去。

4. 遭遇嫉妒："升职"之后的悲伤

之后，提娅把公司发生的事情告诉了瑟琳娜。

"为什么我升职了却一点也开心不起来，甚至很伤心呢？"提娅说，"我可以理解她的嫉妒，毕竟她来得比我早，平时更受部门经理喜欢，所以这次的落差一定很大。但我还是很难过，调整了好几次还是不行。我好想去化解她心中这种难受的感觉。"

"嫉妒是个很复杂的情感哦。想化解这个很难的。"瑟琳娜指出，"你要记住，改变别人很难。所以，我劝你首先化解你的难受比较实际。"

"好的，那我先化解我的情绪吧！"提娅点点头。

"悲伤的情绪都有一个同一的起因：缺失。你先说说你的感受吧！"瑟琳娜引导着。

"说真的，我很喜欢和南希一起工作。所以她的突然变脸让我特别难受。"提娅说。

"我看还不止吧！她的变化让你毫无准备，这加深了你的痛苦感。要是她慢慢地变成了这样，或许你还会好受点。"瑟琳娜说。

提娅点点头，默默不语。

瑟琳娜继续说："还有，毕竟她还在这个部门，和你还有竞争关系，所以你对她还存有恐惧的感觉。但最重要的是你本身就对缺失非常敏感。"

"不会吧！平时，我很少哭的。"提娅提出了自己的反对意见。

"是的，自打你父母离异后，你就真的很少哭了，显得特别懂事，想让你妈妈少担心。"瑟琳娜说，"但事实不是这样的。你妈妈曾经跟我说你这种一声不吭，才令她更加担心。"

------------------------ 书摘 ------------------------

小悲戚戚，大悲默默。

——*尼采*

“我只知道强烈的情绪来了就很难集中注意力。”提娅小声地说。

“你这种方法适合于短期，如果长期使用这种方法会失去你对自我感知的敏感度，反而会影响你能力的提升。”瑟琳娜不客气地说，“除非紧急情况，最好的办法还是正视你的感觉。”

“好的。”提娅点点头。

瑟琳娜点点头，说：“我还是先从你现在的悲伤状态讲起吧！我们先需要了解悲伤情绪的作用。”说完，写下了如下内容。

小贴士

悲伤的作用

（1）悲伤教你避开类似的触发情景；

（2）悲伤使你停止行动，反思自身过错；

（3）悲伤会吸引他人的注意，引发同情；

（4）悲伤会暂时保护你不受他人的攻击；

（5）悲伤使你对他人的伤痛产生同情或同理心。

“这里我有一部分不同意，比如第4条：‘悲伤会暂时保护你不受他人的攻击’。”提娅提出了自己的看法。

“对，还得看对方处于一个什么情况。”瑟琳娜点点头说。于是，给提娅看了以下内容。

小贴士

当悲伤和屈服无法阻止进攻时

（1）对方不确定自己是否已经处于获胜地位时发生，即他的自尊处于不稳定的状态。

因此，你的任何投降信号都不足以使他彻底确信自己的地位。

（2）对方没有获胜方应该停止攻击的概念。而这来自对方被扭曲的教育背景，这种情况更糟糕，应该采取别的策略。

“就我对南希的了解，她应该属于前者。”提娅有点明白了。

“对！如果你珍惜与她的关系，那你现在需要做的是远离，给她一个相对安全的空间。”瑟琳娜点点头说。

“嗯，我知道怎么做了。”提娅脸上露出了笑容。

“知道就好！其实当时的你是环境所迫，没有什么不对。只是，你现在的处境变了，可以在一个比较安全而且对你善意的人面前诉说。这其实反而有利于我们彼此的了解。”瑟琳娜说。

提娅愣住了。

“我可不喜欢一个在我面前带着假面具的提娅哟！”瑟琳娜笑着说，“你只要把握好度，情绪反而能更好地帮助你调整注意力。”

“真的吗？”提娅好奇地问。

“情绪是对外界事物非常自然的反馈。调整好了你会拥有一种直觉，这可以弥补理性思维过于聚焦的不足，让你更加全面而深入地看待问题。”瑟琳娜说，“不过，**在不友好的环境下，悲伤确实应该谨慎表达**。所以人们的天然反应也是有价值的，特别是在短期保护个人安全上。”

提娅点点头。

小贴士

谨慎地表达悲伤

（1）避免过度支取他人的善意。否则会让人对你避而远之。

（2）显得脆弱会激发一些人攻击的欲望。

注意：避免在高竞争的环境中表达悲伤，特别是男性。

于是，提娅决定其他人员的工作暂不改变，自己多花些精力在工作上就可以了。

“毕竟，改变自己总比改变别人容易。”她自我安慰着，也相信自己熟悉了工作岗位，一切会有转机。

5. 被刮目相看

由于新上任，而且没有什么人配合，提娅决定先兼任两份工作。好在实践一圈后，她发现了其中一些环节可以进行简化，并进行了上报。她相信过了一段时间后，工作也就没有那么忙碌了。

但中途还是发生了一场小风波。

一天，营销部经理凯恩径直走到提娅面前，很温和地说："提娅，总经理有事找你。"

这让提娅很诧异，但她一时想不到该如何回应，于是只好听从。

提娅跟着凯恩一走进总经理办公室，凯恩就换了一张脸，严肃地说："前几天有个非常不错的销售员叫思文，就是因为你们人力资源部不及时跟踪给流失了。"

总经理则很平静地问："提娅，你是负责招聘这块的。你来讲讲是怎么回事吧！"

"不是这样的！"提娅本能地否认。

这样的架势让提娅感到愤怒而又委屈，但她知道此事必须冷静，于是压抑着，可还是感到脑中一片混乱不知如何表达。

"可是，我听说是这样的呀！"总经理冷冷地看着她说。

她突然觉察到总经理说的"听说"这个词，于是心想："他会不会是听觉型的人呢？"

反正已经没有别的什么更好办法了，于是她决定从这个角度突破一下。

提娅刻意地呼吸一下，让自己放松下来，并转换了以往的表达方式："思文这个人，先是本月 15 号来初试的，然后我通知她到第二分区去复试。这个事情你可以找分区的人事专员核实。后来，她没有去，我去追问，她没有回复。"

于是，她按照“事实 + 证明人 /（物）”的结构，讲完了整个过程。在讲述的过程中她意识到自己还有一项重要武器：工作痕迹。

小贴士

在职场中，关键时刻工作痕迹是可以起到决定性的作用。

“如果需要，我可以拿出我的相关记录以及网上留言。”提娅补充道，然后冷静地看着他们。

现场一下子安静了下来。提娅意识到这是个好机会，于是接着说：“总经理，我认为目前招聘工作如此紧张是因为招聘的渠道还不够多。我建议能够参加一些招聘会。”

这回让总经理愣住了，不过他的职场功力毕竟不弱，很快就找到了台阶。“这样吧！你先写个申请交上来吧。”总经理回应道。

“好的。”提娅礼貌地点点头。

这次交锋，算是给总经理留下了深刻的印象。

走出总经理办公室后，凯恩还特意“教导”提娅：“你跟总经理讲话不要你呀你的，要用‘您’。”

提娅点点头，一面对他这种欲盖弥彰的行为感到好笑，一面心想：“或许他也是听觉型的，所以总经理难怪总听他的。”

不过之后，凯恩至少在明面上再也没有找过提娅的麻烦。为此，提娅的工作顺利了不少。

当然，提娅不忘把自己的这段经历分享给瑟琳娜。

“我觉得那个凯恩敢于这么对我，是因为我们部门的工作有很多不足。”提娅说。

“哎！所以你得打起精神面对这一切。没准这就是你难得的提升机会。”瑟琳娜安慰道。

“不管了，反正我已经接受了这个职务，我就得承担呀！”提娅坚定地说。

“对！要的就是这种主动承担的精神。”瑟琳娜笑道。

小贴士

不要说职场小人这类话。在你成熟之前，你始终陷于小人的包围之中，因为你的稚嫩，最大限度地激发了别人的欺辱意识。当你强大了，自然会有盟友，而小人也自然会避让。

6. 没辞过人的HR，不叫HR

几天后，提娅被单独叫到总经理办公室。原来是叫她去代表公司辞退一个财务人员。

提娅没有辞退员工的经验，为此她有些头皮发麻，想要逃避。

她压低语调说："总经理，我真的不会呀。"

面对提娅这突如其来的示弱，埃里克有些吃惊，不由得扑嗤笑出声来。但他很快就重整表情，看着提娅说："嗯，这个你必须做。"

人力资源部有句话叫："没有辞过人的HR不叫HR。"提娅知道是躲不过去了，只好在脑中搜寻辞退员工的条件。

她向总经理问了辞退的期限、辞退后的补偿以及相关事宜。而总经理一一答应，并要求这个人马上走。

看到总经理如此放权，提娅感到了安心，于是就决定认真去执行了。

"首先，得找他的上级财务经理聊一下。"提娅盘算着。

财务经理爱玛非常清楚地讲明了辞退的原因，并且很明确地说："你面谈完，立即将人带到我这来。"

提娅点点头。

此时，爱玛提出了一个特别的要求："他答应后，我这要马上进行工作交接，必须一次完成。而你负责全程监督。"

提娅心想："有那么急吗？"但毕竟对自己的部门和自己无多大利害关系，也就答应了。

可能是被辞退的人很早就感受到了，当提娅说完相关事项后，对方很顺利的就答应了。只是，他也没有料到之后的交接会那么的迅速。在提娅谈完后的不到5分钟，财务经理爱玛就开始了她所安排的流程。

"我已经列好了清单，一项项来。现在你先把保险箱钥匙给我。"爱玛干练地说。

对方只好顺从地开始了。

离职交接过程条理清晰、行动迅速，整个过程都在吃午饭前全部完成，提娅成了见证者。之后，此空缺就由校区财务朱迪接任了。

提娅感叹财务经理的老练，但说不清楚为什么，于是她把疑问告诉了瑟琳娜。

瑟琳娜听后说："这个财务经理确实是个老手。像财务这种重要部门，就是要最大限度地规避风险。"

"那快速交接和慢点交接有什么区别呢？"提娅问。

"快就是要抢在对方大脑未来得及反应之前，得到对方最诚实的交接。"瑟琳娜严肃地说。

"可是，这个财务人员本来就违规呀。按照公司规定是可以辞退他的呀！"提娅还是有疑惑。

"提娅，人是一种非常善于为自己行为找借口的生物。这个你作为 HR，应该见过不少吧！"瑟琳娜耐心地讲。

"也是，他也可以说是部门经理或者公司的问题。"提娅有点明白了。

"当然，他要编出让自己信服的借口，需要一定的时间。所以，那个财务经理马上就要他交接，让他的大脑不停地忙着，没有时间想这个。"瑟琳娜点出。

"所以，重点还在于防。毕竟财务部门很多东西大意不得，对吗？"提娅问。

"是的。看得出来她懂人性，这也难怪能当财务经理了。"瑟琳娜说，"这里有知识点，那就是人脑对信息的处理是低于收集效率的。"说完，便给提娅发了一个信息。

小贴士

人脑信息收集和处理

人脑接收的信息效率远高于处理效率，而处理后的信息只有极少的部分需要仔细思考。

由于仔细思考需要高速启动大脑，需要消化大量的能量和氧气，人体是很难长时间经受大脑高速运转的。

所以，大脑为了避免持续的高速思考，并没有去考虑决策的每一种可能的选择，而是无意识的决定了我们许多行动。而那些未来得及处理的信息也会在我们的脑海中停留一段时间，等到条件合适的时候再做处理（其在过程中很可能产生扭曲和丢失）。

注：人脑平均为人体总重量的 2%，但它需要使用全身所用氧气的 25%，是最耗氧的人体器官。

“所以，那个人的交接是本能性的完成。而照事实做是最节省脑力的途径之一。”

瑟琳娜说：“要是让他回去睡上一觉，事情的性质可能会改变。因为他可能会为自己的违规行为找到说服自己的借口。”

提娅说：“我想莫妮卡经理并不懂这些大脑科学，她应该是从实践中总结出这个办法来的。”

“可能不止这些。她想出这个办法，没准是灵感。”瑟琳娜摇摇头。

“怎样才能拥有这样的灵感呢？”提娅好奇了。

瑟琳娜思考了一会儿，突然严肃地对提娅说：“提娅，如果你想要获得更多潜能，就非得打开自己的潜意识。其中最重要的是面对心灵中的黑暗面。”

这番话让提娅有些莫名其妙，她吃惊地看着瑟琳娜。

“我只能先告诉你，想要破局就要有独行的能力。”瑟琳娜说。

“恩，我正在努力地独自面对部门工作。”提娅说，“而且，我已经感受到其中的力量了。”

“那就好！继续加油吧！你会像莫妮卡经理一样出色的。”瑟琳娜鼓励道。

“我会的！”提娅的眼神很坚定。

7. 理想与现实之间的悲哀

经过提娅的一番调整，部门工作保持在平稳的状态上了，并参加了每周的分公司管理层会议。

会议上，她发现自己对理解那些“环比”、“同比”之类的管理名词有些吃力。另一方面，她知道自己的部门需要配合其他部门工作，但不知道为什么她就是提不起精神来。

一天，总经理埃里克突然对提娅说：“这次咨询师的复试让我来吧！”

提娅只好懵懵懂懂地答应了，并做好相关安排。

当天，所有参加复试的人都被安排到了一个小会议室里。由总经理和副总经理对他们进行群体面试。

“你们考虑过以后想要成为什么样的人吗，想要一种什么生活吗？”总经理突然问道。

他的问题让全场都懵了，其中包括提娅。她知道自己要应对眼前的问题，想要提升，但到底往什么地方提升她很茫然。

面试非常平淡的结束了。但总经理的问题一直萦绕在提娅的脑海中。

“理想真的能实现吗？”提娅想到了被自己半途而废的画画，以及曾梦想着凭借培训去影响些什么。但一进公司，她就发现自己被重重的招聘需求所裹挟。在公司里，被问得最多的就是：“我要的人招到了吗？”

她也想去推动培训工作，但得到的答案是：“有培训新人的时间，真不如招一个熟手。”

太多人认为：如今人员流动性那么高，往往是好不容易培养出来一个人，转眼就为他人做了嫁衣。外加业绩压力都很大，做个分享就不错了，没有时间去系统化相关知识。因此，都觉得要是有那份心，还不如去别的公司挖人。

于是，提娅只能保证在自己的范围内做好培训。期间，虽然她收到了很多赞美，但只限于赞美。

如今升为部门代理经理，她觉得自己更没有时间去管这些事了。毕竟，最要紧的还是招聘，所以她觉得应该把注意力放在这里。

“算了，工作已经熟练很多了。现在还是准备明天的部门会议吧！”提娅想着：“理想或许在遭遇现实的时候，总是显得那么骨感吧！”

8. 与莫妮卡的差距

经过大半个月的磨合，提娅对部门经理的工作更熟练了，部门的日常工作都能顺利地安排下来了。

一次部门周例会后，校区人事专员本静留了下来，单独找提娅有话要说。

“有什么事吗？”提娅问。

“我要离职了。这个事我已经跟总监皮特说了。”本静说得很直接。

“能告诉我为什么吗？”提娅平时和本静接触不多，但她还是有点舍不得。

“嗯，我想去外地发展。”本静回答。

很多时候，人的辞职理由往往说得很委婉，但实际情况很可能不是。

提娅只好试探地说：“加薪这事还在申请，我们也正在努力。”

“这个我明白，但这么大一个公司，想要给这么多人都加薪，可能有些困难。”本静很平静地说，看来她对加薪一事并不在意。

事已至此，不必强求。

“好吧！我能理解。你工作一直都很认真踏实，我相信你会有不错的发展。”提娅只好说，“临走前，你能给我提点意见吗？”

很多真实的意见可以从离职的人那获得，因此提娅试着去争取一些有用的信息。

“好吧！”本静说，“我觉得你身上缺失莫妮卡那股狠劲。在分配任务这件事情上她很强势，而你则是无论什么事都大包大揽，这太惯着她们了。”

提娅已经多次领教过莫妮卡的强势，只是她还是觉得这么以势压人有很大的问题，但本静的话有几分道理，因此提娅点了点头说了声谢谢。

“当然，你可能有自己的原因，我这个位置也不好给你提什么意见。”本静看出了提娅的难色。

只是，她们目前还没找到更好的办法，所以整个谈话陷入了沉默中。

但礼貌还是要有的，于是提娅笑着打破了尴尬："哪里，你让我看到了我和莫妮卡的差距，我会好好体会的。谢谢你！"

"不客气！"本静微笑着。

之后，提娅找到了皮特总监，商量本静岗位接替的问题。

"我相信你已经有人选了吧！"皮特灿烂地笑道。

"亚薇怎么样？"提娅很直接地说。

"是呀！亚薇这个人不错。目前我还需要一个这样不错的人呀！"皮特得意地等着提娅说这句话。

提娅毫不含糊地回答道："好吧！我再帮你招一个吧！"

于是，又一场前台文员招聘开始了。但要找到像亚薇那合适的人并不容易。提娅心想实在不行，标准降低点，皮特没准也是可以答应的。

这次运气又来了。一名叫霜的女孩和亚薇一样，一进面试间就让提娅眼前一亮。其实，就形象而言，霜和亚薇长得一点都不像。但她们同样眉目清晰，一双亮晶晶的眼睛笑眯眯的，透出这个年纪特有的活力和俏皮，让提娅想到了秋日的朗朗晴空。她的声音清晰而洪亮，橘色衣服衬托出她的活泼与爽朗。

由于有了培训亚薇的基础，对霜的入职引导更加流畅，指点更加到位。同时，提娅很喜欢霜活泼爽朗的性格。

但皮特总监好像更喜欢亚薇这种灵巧型的。他说："霜是不错，做事勤快。但就能力而言还是不如亚薇。"

提娅笑着说："总监，做人不要太贪心呀！"

事实胜于雄辩。最终，霜也确实是顺顺利利入职，之后也顺顺利利地转正了。她和亚薇都是拥有充满青春活力的年轻姑娘，都是可以让提娅看到光彩的人。

9. 管理与被管理的区别

提娅发现了公司里一个很奇怪的现象：不少主管都是直接找到人力资源部要人，而且都是要求下周就要到岗的高素质员工。

提娅觉得这样很被动，而且效果很不好。于是，她决定想点办法。

她想起了自己在这个公司最后一轮复试时总经理的问话："你认为人力资源部是个什么样的部门？"提娅回答："是一个名则服务实则管理的部门。"

"但是，如何实现呢？"提娅思考着，"这还是得回归到着力点，也就是注意力的引导上。"

于是，她拿起了《注意力不平衡的调整办法图》，重新进行端详。

类型	危险	改进方法
太多抗拒	陷入痛苦	赋予意义，多走几步
太多追求	让人缺少了必要的警惕和防范	警示
太多被动	丧失价值感和改变的勇气	想想自己想要什么样的生活，找机会实现
太多主动	人会感觉到疲于奔命	评估自己所需资源的数量，减少不必要的追求，将注意力放在更必要或者更想要的事情上。
太多无意	容易随波逐流	创造一些兴趣点或者意义，再做一次
太多有意	算计过度的困境	进行统系统化管理

专注力不平衡的调整办法图

于是，她决定先将事情流程化。

接下来，她跟副总经理（她的直接上级）讲了自己的想法，并附上写好的通知。

通知

为了方便统一管理，控制人员编制，避免不必要的资源浪费。请各个部门提前一个月提交招聘需求，并于每个月最后一个周五下午 16 时前提交，否则自动认为放弃招聘需求。

总经办

于是，Sam 副总经理以自己的名义发布了提娅的这个通知。无人异议。

与此同时，提娅严格执行相关规定，并在截止日前三天一一打电话追要表单。终于在半个月以后，人力资源部被动的局面得到了缓解。

由此，提娅看了一些书，做下了如下笔记。

提娅的笔记

人本能性的会将注意力放在对自己有某种意义，或者直接和间接与自己利益有关联的群体中。

另一方面，群体对一个人自我的身份定义有着极为强大的影响力，因而就会影响一个人对自我的评价。

而且，人往往只会选择对自我所处群体好的话来听，不愿意相信不好的事情。

因此这就会产生强有力的群体偏差。

几天后，提娅向瑟琳娜请教如何做好一个管理者。

瑟琳娜看出提娅的焦虑，说道：“一开始不要先急于寻找绝对的结果。因为人在面对一个新事物时所接受到的信息和直觉往往是碎片式的或表面的东西。你所需要做的是不断地思考实践和反思，找到自己应该做的事情，这个过程既不是单向肯定自己，也不是单向否定自己，而是一种纠偏和改进的过程。”

“好吧！我一步步来。”提娅点点头，并换了一个问题，“瑟琳娜姐姐，管理一群人的注意力和管理自我注意力有什么区别呀？”

“不错呀！问的问题越来越准了呀！”瑟琳娜赞许道。

“还不是形式所迫呀！”提娅不好意思地说。

“好呀！我跟你讲讲吧！”瑟琳娜说，“你应该知道：**注意力是我们接受挑选的信息所必经的一个选择认知过程。**而公司策略可以理解为一种组织注意力的模式，即公司对一系列事情付出的大量时间和努力，把群体性注意力引入执行队伍中。”

“也就是通过公司策略形成一种向心力，对吗？”提娅问。

“理解得不错！”瑟琳娜点点头。

“但是，每个人都有自己最关心的事情，这个怎么统一呢？”提娅继续问。

“不是统一，而是**自然筛选。**”瑟琳娜回答，“你做招聘的应该知道，如果那个人根本就对公司或者职位不感兴趣是不会投简历的。当然也有乱投的，但这种人在面试前就已经筛选出去了。那么留下的这些人，都会有一些相同的注意交集，这就叫群体注意。”

“有意思！也就是这个是需要被引导的，对吗？”提娅的兴趣一下子就勾了上来。

“是的，对内，管理者需要引导与调控企业员工将注意力投入到关键事务上，这样整个部门才能有效运转。”瑟琳娜点头说道，“而会议、邮件、私下沟通、规章制度、赏惩奖罚等都是为它服务的手段。对外，管理者需要的是运用方法和策略将消费者的注意力引导到公司的产品上来，比如宣传广告之类。”

提娅点点头。

瑟琳娜继续说：“所以，**管理者必须达到**以下几点。”接着，她在纸上写下了如下内容：

（1）集中自己的注意力；

（2）吸引**正确的注意力**；

（3）引导追随者的注意力；

（4）保持住顾客和客户的注意力。

“其他几个还可以理解，但这第 2 条中‘正确的注意力’是指什么呢？”提娅问。

于是，瑟琳娜又写下了如下内容：

（1）制定增加利润的未来规划；

（2）改进现行计划；

（3）避免灾难。

“好经典呀！”提娅赞叹道。

“今天的内容足够你消化一段时间了，所以就到这吧！”瑟琳娜笑道，“我相信你只要这样继续努力，是可以成为一个优秀的经理的。”

提娅点点头。

无论怎样，提娅已经从几个月前的低迷走了出来，还收获了职位的晋升。她感到这已经很不错了。

10. 本章小结

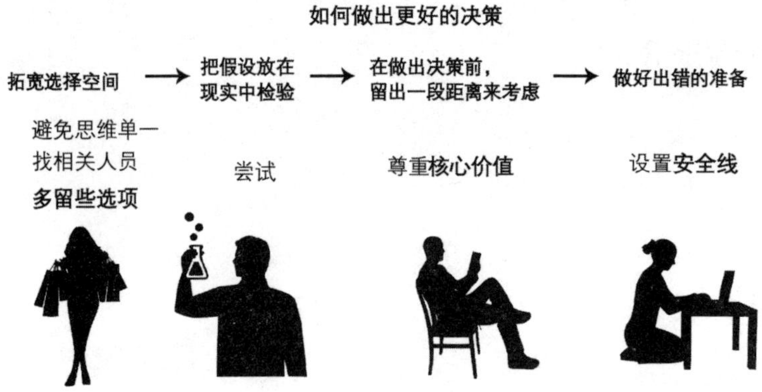

小结图 -1

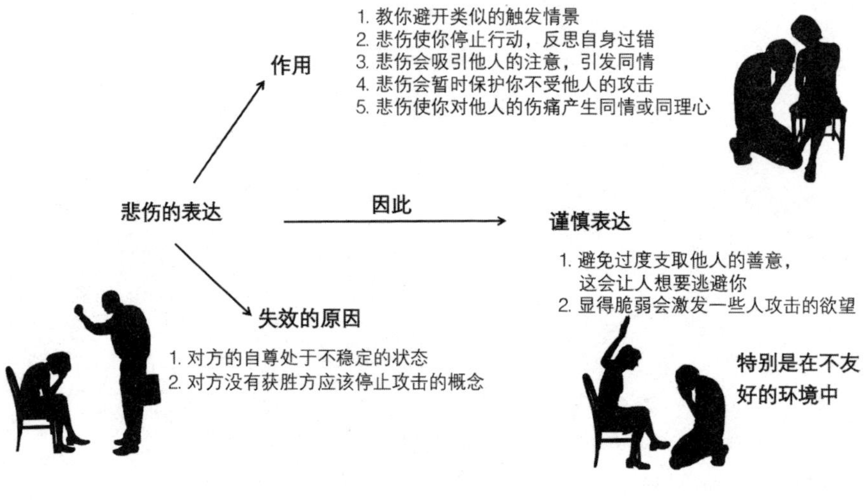

小结图 -2

人会本能性的将注意力放在对自己有某种意义，
或者直接和间接与自己利益有关联的群体中
群体对一个人自我的身份定义有着极为强大的
影响力，而这就会影响一个人对自我的评价
人往往只会选择对自我所处
群体好话来听，不愿意相信
不好的事情
产生
群体注意力偏差

小结图 -3

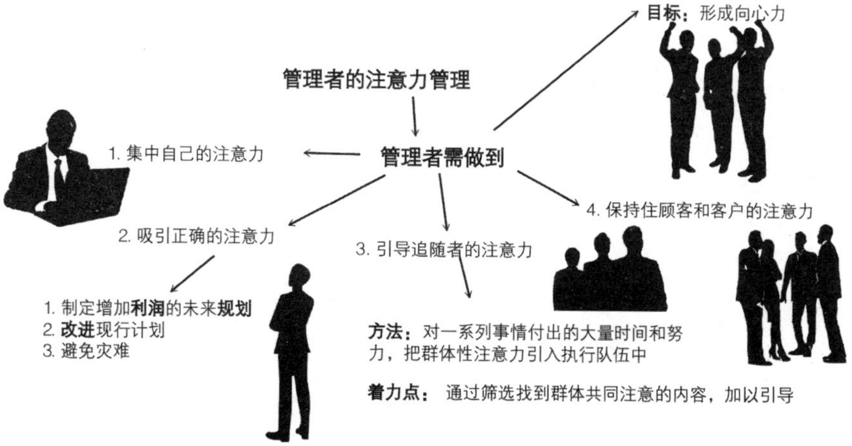
目标：形成向心力
管理者的注意力管理
管理者需做到
1. 集中自己的注意力
2. 吸引正确的注意力
3. 引导追随者的注意力
4. 保持住顾客和客户的注意力
1. 制定增加利润的未来规划
2. 改进现行计划
3. 避免灾难
方法：对一系列事情付出的大量时间和努
力，把群体性注意力引入执行队伍中
着力点： 通过筛选找到群体共同注意的内容，加以引导

小结图 -4

第三部分

应对突变

职场中没有那么多一定，变化来了就是来了，容不下多少商量的余地。

然而，风雨交加之时，并非总是寒冷。

如何在此时快速自我调整，积极寻找和等待机会，就显得格外重要了。

如何做到？

接下来，将会详细来谈。

第 7 章

迅雷不及掩耳的更替

正在提娅适应新职位的时候，总部突然将提娅所在分公司的总经理更换了。

如何在猝不及防的突变中快速把握专注力，并找到合适的位置？

提娅面临着另一系列重大的考验。

她将如何快速转换角色？

如何快速适应新的管理者呢？

本章将详细来谈。

1. 更换总经理

业余时间，提娅拿出以往的人力资源书籍认真阅读，果然有了一些心得。而这个过程帮助她更深一步地理解了人力资源部门在公司的位置。

另外，随着部门工作进一步的熟练，公司大部分员工开始逐渐地接纳了她成为管理者的事实。

一转眼，9 月中到了，又到了蝴蝶姜上市的时候。于是，提娅时不时地将一束束蝴蝶姜花摆放在自己的办公桌上。

蝴蝶姜

“好香呀！这是什么呀？”一位同事赞叹道。

“哦！这是野姜花，也就是蝴蝶姜。”提娅笑着说。

“这花真的像一丛丛白蝴蝶一样而且又香又美。”同事说。

“而且，可以不断地有花蕾长出。所以只需要及时摘掉上面枯萎的花，就可以保持半个多月呢！”提娅看着花，开心地说。

于是，那个同事也就很认真的观赏了起来。办公室里一片其乐融融。

如果一切顺利，提娅真的可能完成 3 个月的考察期转为正式经理。但命运却没有给她这个成长的时间。

一天早上，Sam 副总经理急匆匆地对提娅说：“赶快通知全公司人员到 ×× 大会议室开会。时间是今天下午 2 点 30 分。”

“全体？近 200 号人呀！”提娅以为自己听错了。

“对！除了必需的留守人员，所有人都得把手上的工作放下来开会。”Sam 很肯定地说，“就说这次总部的人力资源总监来了。”

提娅感觉事情不小，只好去执行。

下午，会议室里满满的都是人。

在一番提示后，一位衣着整齐的中年男性站到了会场的讲台上：“大家好，我是总部的人力资源总监，我今天来主要是宣布总部的任命。”

“看来事情真的很大。”提娅心想着。

那位总监继续说：“首先，总部决定将现任分公司总经理埃里克调回总部，故撤销他的分公司总经理职务，另做安排。现在，我们欢迎他上来讲话！”

这番话让提娅一愣，她觉得让被撤职的人马上当众说话太不近人情。

原总经理埃里克走上了上台，尝试着说上两句：“我想说……哎！怎么会……哎！我没什么好说的了。”

显然，他失败了。

他那种堵住心口上发出的声音，让提娅难以忘记。提娅感到他很痛苦，但又不能表达。

总部人力资源总监感觉气氛不对赶紧转换了话题：“无论怎样，总部还是很感谢埃里克这三年的付出。那么接下来，我宣布新任分公司总经理的人选：盖瑞。”

于是，新总经理盖瑞上台了，他有着与埃里克完全不一样的感觉。他自信满满地说：“我完全有信心把这个分公司带领好！我曾是整个公司连续三年的全国销售冠军，还历任过 3 个分公司的总经理，每个分公司都在我的带领下完成 了一年业绩翻番的目标！”

接着，他又细数了他的具体成就，让人应接不暇，总结起来就一个字：燃。

确切地说是：毫无顾忌的燃。

这一下倒弄得总部人力资源总监有些尴尬了。那位总监只好说："我还想着由我来讲讲的你的成绩，结果你自己都说了。好，就这样吧！大家散会！"

整个新老更替，全程不到 15 分钟。

提娅感到头脑一片空白。而整个分公司人人自危。瑟琳娜这段时间正在忙着自己的事情，所以提娅不想去打扰她。更重要的是，她觉得打扰也没有什么意义了。

提娅恍恍惚惚地回到工位上。

公司突如其来的重大变更，这让她感到非常的不真实。

但这就是真的。

"哎！不管怎样，还是先忙手边的工作吧！"她想着，但心思完全不在工作上。

于是，剩下的几个小时她也就在迷迷糊糊的状态中度过了。

下班了，提娅与往常一样晚一刻钟走出办公室。在电梯里，她与原总经理埃里克单独相遇了。

"总经理好！"提娅小声地说。

"哦，好！"埃里克点点头。

就这样沉默了几秒钟，提娅还是开口了。

"这太突然了。"

"噢。"

埃里克的回答让人不知所措。

于是，又沉默了几秒钟，提娅努力微笑着说："无论怎样，我感谢您的提拔。最近，我觉得自己的视野完全改变了。"

当提娅说完这些话时她感到轻松多了。

埃里克依然是"噢"的一声。

之后又是一阵沉默。

直达电梯到最后一层的时候，埃里克开口了。

"记住！在公司里生存靠的是能和忍，这点上你是始终有主动权的。"他平静地讲完这句话后就走了出去，只剩下提娅在原地发呆。

提娅还不是很明白他这句话的意思，更不知道具体该怎么做。

这是因为：**高层次的人理解低层次的人往往只需要一小会儿，但低层次的人理解高层次的人往往需要几个月、几年，甚至一辈子都不能理解。**

2. 处理混合情绪

回到家，提娅发现已经无法集中注意力去看任何东西了。她只感到内心五味杂陈，既有悲伤又有愤怒。**混合情绪会导致人更难走出情绪低谷，所以最好一个个地理。**

于是，她播放了段轻音乐，找了一本情绪管理的书翻看。她现在需要的是平静地接纳这突如其来的一切。

书写得很不错，里面的内容让提娅获得了暂时的平静。

------------------------ 书摘 ------------------------

情绪是人整体机体的应激反应，包含着生理（即身体）、认知（即精神层面）和行为（即我们的行动）三大组成部分。

——《我们与生俱来的七情》

小贴士

愤怒的起因

它的发生是我们不希望看到的；

被故意制造的（意即出我们之外的其他人的意愿）；

与我们的价值观相悖；

可以被我们愤怒的回应控制住的。

职场中，引发愤怒的事件：

（1）遭受不公正对待；

（2）发现一桩不道德的行径；

（3）面对他人工作上的能力低弱；

（4）不被他人尊重；

（5）遭到当众羞辱。

提娅一面看一面想：“今天这样的场合，埃里克总经理怎么可能不生气呢？”

接着，她把书继续往后翻。

------------------------ 书摘 ------------------------

学会管理愤怒

（1）错误处理办法：

爆发、压抑。

（2）正确处理愤怒的办法：

减少发怒的因素；

梳理优先次序，与自己对话；

站在他人角度思考；

考虑一夜再行动；

给对方时间，让他表达；

关注触发愤怒的行为而非人本身，勿做人身攻击；

快要不能自控时走为上计；

学会放手，放眼向前。

学会处理愤怒缺失

要：

（1）理清优先次序；

（2）预备发怒情况情景、反复练习；

（3）稍事等候后接受和解；

（4）承认自己的愤怒正当特性。

不要：

（1）认为没什么大不了；

（2）害怕不和产生；

（3）尝试一次发怒经历，随后终止尝试，自己尴尬不已；

（4）片刻就平静下来；

（5）对发怒的事实进行自我检讨。

“一般人容易走向另外一个极端：愤怒缺失。”提娅心想。

在这里，她不自觉地多看了一会儿，但又说不清楚为什么。

------------------------ 书摘 ------------------------

导致悲伤的缺失类型：

（1）失去所爱之人；

（2）失去珍贵的物品；

（3）失去身份地位；

（4）失去价值 / 目标。

悲伤的作用：

（1）悲伤教你避开类似的触发情景；

（2）使你停止行动，反思自身过错；

（3）吸引他人注意，引发同情；

（4）悲伤会暂时保护你不受他人的攻击；

（5）悲伤使你对他人的伤痛产生同情或同理心。

“这个瑟琳娜姐姐之前讲过，只是男人的悲伤往往通过沉默或者愤怒表达。”提娅有一定的体会。

“那悲伤和抑郁有什么区别呢？”提娅想着，把书翻到了下一页。

------------------------ 书摘 ------------------------

悲伤：

此为正常情绪；

不稳定，持续时间短；

身体出现适度且短暂的反应（几小时或几天）；

会因积极正面的事逐渐好转；

自我形象仅出现微小或短时间的改变；

抑郁：

病理性障碍；

长期持续；

睡眠及食欲发生持续性混乱（几周至数月）；

对积极正面的事几乎无动于衷；

长期坚持负面的自我形象。

提娅这才明白：自己前几个月的状态叫作抑郁。接着，她把书翻到下一页。

------------------------ 书摘 ------------------------

愤怒与悲伤这两种情绪都是由我们不希望发生的事情引起的。但是，愤怒会使我们对真实或疑似的事件负责人采取行动，而悲伤则更会让我们关注自己、聚焦事件造成的损失。

人也可能在自己没有缺失的情况下感动悲伤，而原因也许仅仅是由于目睹了他人遭受的缺失。这种情形叫作怜悯或同情，也可以叫“同理心”。

管理它们

要：

接受悲伤的事实；

谨慎表达悲伤；

继续保持行动力；

重拾您喜爱的活动或事业；

考虑咨询专业人士。

不要：

抑制悲伤；

不惜一切地装作一切都好;
生活全面瘫痪;
自己营造出阴郁的生活环境;
拒绝任何帮助。

看到这儿，提娅感到了深深的疲倦。于是，她沉沉地睡着了。

3. 新的人力资源部经理

几天后，Sam 副总经理要提娅去接总部分配的新任人力资源部经理，并交代了姓名、电话，以及需要安排的住宿地点等事项，提娅只好照办。

新来的人力资源部经理斯图尔特，比提娅年长近 10 岁，是另外一个分公司的人力资源部经理。由于这个分公司离他老家近，所以提出了申请。

他外表比实际年纪大，跟提娅比更显得像一个长辈。实际上，他也确实非常老练。

安排好住宿后，他就马上找提娅询问了公司情况，并在第二天召开了部门会议。

他温和地对员工说："我这人比较低调，没有架子，希望大家在我面前放轻松点。"

短短一句话，他那成熟稳重、谦虚低调的良好形象在部门中竖立起来了。

同时，在会议上，他非常明显地表现出对校区专员丹的认同。

"丹，一看就知道你是个非常老练的人事好手。"他说。

丹受宠若惊。

提娅对丹还是有一定了解的，她并不觉得丹比亚薇更出色。"可能年龄不同，看人的角度不同吧！"提娅思考着。

而出乎提娅意料的还在后面。

当天，斯图尔特邀请整个部门去公司附近的一家酒店吃饭。席间，来了一个人，正是莫妮卡。

提娅觉得有点尴尬，但没有表现出来。其他几人都热情地跟莫妮卡打了招呼。提娅也点了点头，报以礼貌性的微笑。

总而言之，这次会餐还是顺顺利利地完成了。

席散，其他人员走后，斯图尔特还和莫妮卡进行了单独的对话。至于具体内容，提娅不得而知。

于是，整个部门的工作由斯图尔特主持下正式开始了。

他很会安排工作，提娅在他手下工作得还算顺利。一天，斯图尔特发现提娅的发言稿写得不错，所以还把这项工作交给了她。尽管提娅的工作量不少，但毕竟能完成就接了下来。

渐渐地，斯图尔特给提娅的文字工作越来越多，但从来没有给提娅任何一句鼓励的话。提娅感到有些压抑，但又说不出为什么。

虽然，斯图尔特的办公桌就在提娅旁边，但除了第一次安排住宿以后，他们从来没有任何的正式交流。

“经理，你要是觉得我的工作有什么不足，麻烦你说出来。”提娅尝试着与其沟通。

“没有呀！你很好呀！”斯图尔特似笑非笑地说。

有种直觉提醒提娅：她在跟一个带着假面具的人共事。

提娅开始怀念起公司以前的日子，但毕竟物是人非了。

“不行，我必须打起精神来。”提娅提醒自己说。

于是，提娅加大了学习的力度，让日子多了一些意义。

结果，不知不觉间，她的工作效率又提升了，现有工作变得更加轻松，而且有了几分成就感。有时，她还跑去找经理要工作。

“有事要我交办的，经理你尽管说，我还能忙得过来。”她开心地看着经理说。

斯图尔特笑而不语，但他也没有给提娅加工作。

提娅觉得斯图尔特分给自己的都是些琐碎而没有挑战性的工作，工作不少但对个人成长没什么好处。为此，她感到一些压抑。

但一回到家，拿起书本的时候，提娅就把这一切忘掉了。于是，她的世界里就这么多了一段“奇妙美好”的学习时光。

4. 提娅的反思

业余时间，提娅将这段时间学习的内容进行了一个总结。

混乱时：先回到原点，让自己平静下来。

让人快速平静下来的方式：呼吸法、改变感知、次感元调整法、赋予当事人有效的意义。

当然，解决混乱的根本还在于：让大脑感到安全和生存是有保证的。

可调整的方面：饮食、睡眠、规律化生活、可行的发展计划、良好的人际互动。

提娅知道最好的办法是清楚自己最在乎什么。但鉴于目前的局面还不明朗，而自己内心还是有些不确定，所以她只好先做基础准备：保证身体和情绪平稳了再说。

渐渐地，提娅体会到适当的焦虑还是有好处的。那就是让自己做事和学习的专注度明显提高。比如：她感觉这段时间看书的效率提升很多。

就像品茶一样，从苦中喝出了回甘。提娅开始喜欢上了这种感觉。

一天晚上，提娅突然想到："我们的父母、祖父母以及祖先的生存环境远比现在辛苦得多，但他们依然能够度过。这会不会导致我们天生面对困难的潜力远比面对顺利的能力要强呢？"

而此时，她的内心给了她一个肯定的回复。于是，她安然地睡下了。

5. 权力旁的灼热

虽然提娅过得很平静，但整个分公司就不一样了。

总经理盖瑞当着公司全体人员大声说："这一年内，必须将校区的数量翻一倍。"并举列出了详细的方案。

他的雷厉风行还体现在人员更替上：不到半个月就找来了三个总监候选人。

他的这种行事风格让周围人一时吃不消。提娅好几次听说他将整个分公司的经理级以上管理人员组织在一起开会，一直开到晚上 11 点以后。

看到他们的繁忙，提娅不知道自己是不是应该感到庆幸。

一个月下来，就有总监提出了辞职。

"尼尔总监告诉我，那些人太疯狂了。由于自己跟他们住在一起，好几次半夜 2 点就敲他的门，然后谈话到四五点钟。他觉得自己真受不了。"一位人事专员告诉提娅。

提娅那边只是感到副总经理 Sam 的精神越来越不好，但她不知道自己可以帮上什么忙。

最终，Sam 提出了调回总部的申请。

Sam 的离开让提娅感到很难过，但这只是开始。

紧接着，营销总监凯恩被降为校区总监，杰生总监被外派出去拓展校区，而另外几个原校区总监纷纷离职。至于空出的岗位自然由新人补上。

当然也不是所有旧有人员的职位都下降了，如公司原电脑管理员迪克就被升为了拓展部主管。只是接下来，他外出等繁忙无比。

一个月以后，提娅再见到迪克的时候，他的模样变化巨大。那年轻阳光的脸由于长时间的日晒深了好几号，眼睛里也没了往日的光彩。似乎在诉说着他近日的繁忙和疲惫。

面对如此多的更替和变化，提娅觉得有些难受。但她还是打起精神来继续工作着。

虽然，她不知道这样的日子还会持续多久。

6. 高自尊的迷思

提娅向瑟琳娜讲述了公司近期发生的事情。

“瑟琳娜姐姐，我感觉这个总经理和原先的那个比真是完全不一样。给他当下属真的太辛苦了。”提娅感叹。

“你怎么不想想，他的业绩压力比前面那位大呀？”瑟琳娜回道。

“也是，虽然我具体不知道总部是怎么给他布置任务的，但光凭所知的公司上市就知道这背后一定很多事情要做。”提娅点点头。

“你知道就好！”瑟琳娜说。

“可我怎么感觉还是不好呢？”提娅问。

瑟琳娜采取检定法问：“你觉得怎么个不好法？”

小贴士

检定法

所有人说的话，都始终是内心深层的一些意念（深层结构），经由扭曲、归纳和删减三个程序的一直运用，终于构成一些文字语言而说出。

因为来自内心深层，所以一个人说的话，总是在显示他的身份、信念、价值观和规条。

而检定法就是通过问题还原当事人原本的意思。

“感觉有些残忍，没有人性。”提娅答道。

“这就是你的问题了。”瑟琳娜说，“刚刚你提到了人性。那我问你：人性中只有善吗？”

“对！还有恶。”提娅恍然大悟地说。

“对！**人追求的动力简单来说就是趋利避害。**如果真要趋利与避害中比较动力的大小的话，那么绝大部分人是**避害的动机大于趋利**的。”瑟琳娜点点头。

提娅反问："那是不是因为人要先保证活着，之后才能谈发展呢？"

"岂止是人，地球上的任何生物都是如此呀！"瑟琳娜说。

"我现在明白莫妮卡是靠什么站在这个位置上了。"瑟琳娜的话让提娅顿悟。

"知道就好。"瑟琳娜说，"这是非常有效的方法，但这个方法有很大的问题。而这也是这个新任总经理老是被当作急先锋的原因。"

"也可能是无奈之举吧！"提娅说。

瑟琳娜点点头说："既然总部上市的目标那么明确，所以必须坚决执行。而要完成这么巨大而迅速的任务非得固执而有狠劲不可。换句话说就是极高到狂妄的自尊心。"

"确实需要狠劲。"提娅点点头。

"而这让周围人感到不舒服是一定的。"瑟琳娜话锋一转。这让提娅有些惊讶。

瑟琳娜看出了提娅的心思，问："你是不是原本以为高自尊只有好处没有坏处呀？"

提娅点点头。

小贴士

高自尊

高自尊是从自我感受出发，向外扩张的、能更好地实现自我能力和权利的扩张。

高自尊的人把焦点放在自己的身上，更容易让人觉得他们有力量、有朝气。但他们更偏向于把错误归咎于别人、机遇等外界因素，这样就会降低他在竞争中必要的警惕性，忽略了许多重要信息，因而很容易失去面对现实的机会，最终将自己置于危险之中。

小贴士

低自尊

低自尊的人则是将其他人能否接受自己视为主要目标，所以他们会在人际交往中做出很多妥协和让步，避免与他人发生利益冲突，以求被人欣赏。他们虽然会让自己感到不那么舒服，但他们能更好地去倾听对方，抓住对方的需求，接受批评，从而更容易获得对方的欢迎，也更能获得接近事实的信息。但过分的低自尊也会给人带来压抑的感觉。

小贴士

所以，各有各的优势和不足，不可一概而论。想要发挥其各自的优势，就需要让自尊处于一个合适的度上，也就是恰如其分的自尊。

“谢谢，我感觉自己突然明白了点什么。”提娅说。

瑟琳娜笑着说：“不客气。”

总之，这个知识点对于提娅以后的思维确实很重要。

7. 本章小结

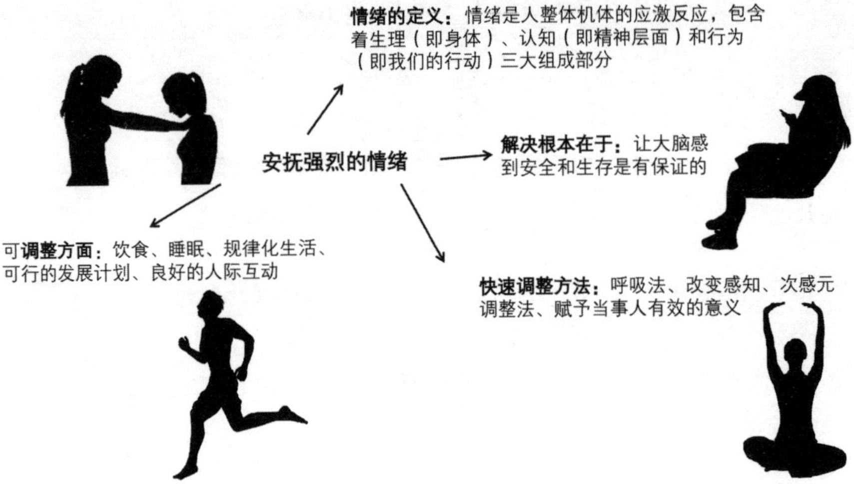

小结图 -1

小结图 -2

第8章

喧闹中的安宁

在一个公司里，个人是很渺小的。

但，即使渺小，也依然拥有发光的机会。

只是经历了一场场风霜雨打，想要再次站起来，则需要丢下一些不必要的包袱，将专注力放在更合适的位置上。

如何进行这场转变？

公司的巨大变化之后，提娅所面临的并不只是不适应。与此同时，她还遇到一个投缘的女高管。而这背后似乎暗藏着希望。

只是希望需要重新寻找和等待。

之后，提娅又会经历什么呢？

本章将会具体来讲。

1．投缘的感觉

有些时候，人真的会遇到一些意外。总经理调进来一位女副总经理，叫凯瑞丝。她三十来岁，个子高挑，体形匀称，言谈举止间但总是透着一丝文雅的气息。

成熟的职场人都知道，新到一个区域工作，首先要详细了解实地情况。这次，凯瑞丝找到了提娅。

在和这位副总谈话时，提娅发现了一个细节：凯瑞丝在无意间模仿自己的动作。提娅说不清为什么，但她还是感受到了对方的善意。

当她把这个事情告诉瑟琳娜之后，瑟琳娜哈哈大笑。

“哈哈！要么是她想要近亲你，要么是她觉得你们是同一频道的。反正无论怎样，对你而言都不是坏事。当然，身心是互为影响的。所以我说，可能是她想亲近你，也可能是她感觉到你很亲切。”瑟琳娜说完发给提娅一个知识点。

小贴士

NLP 理论认为：良好的人际关系是极重要的一环；而亲和感就是和别人打成一片，令人感到如自己人，有共鸣共振之感。

这种共鸣感，可以从一些相同中获得，比如相同的价值观、肢体语言、口头禅、爱好等。

“也是，我从她的言谈中感觉到她是一个听觉型的人。于是我就试着用听觉性的语言与其对话。”提娅点点头说。

“看来，你掌握得不错呀！”瑟琳娜赞许道。

“嗯。亲和感这个东西我承认是非常有用的。毕竟我是做 HR 的，平时打交道的除了表格就是人了。”提娅说，“确实，一些小的动作、小的口头禅，在不违背礼仪的情况下是可以**模仿的**，从而**增加获得亲和感的概率。**”

“不过，我还是得提醒你一下：凡事不要过量，如果模仿得太像太频繁，反而会引起对方的不适。”瑟琳娜指出，“你可以只选取一些合适的模仿点进行变化即可，比如延时一分钟、镜像模仿、换种善意的方式说等。”

提娅感激地点点头。

“再告诉你一个小技巧：**先跟后带**。它可以使建立亲和、引导对方两个目的，一次搞定。”瑟琳娜说完，又发给提娅一个知识点。

小贴士

先跟后带

“先跟后带” 是一种说话方式，即避免否定或批判受导者所说的话，代之以认同和肯定的话。

在这个“跟”的过程中，可以采取积极的语言去总结对方的话，或是肯定对方的一些方面（话语、情绪、动机、角度等）。

然后再提出你的疑问或观点，这个步骤称为“带”。

“但是，凡事不是绝对的。而这些方法已经可以帮你避免很多麻烦了。”瑟琳娜补充道。

“我感觉到了。”提娅点点头。

2. 辅导电话营销员

由于电话营销部办公室需要装修，所以他们只好在其他办公室做电话营销。丹尼尔和几个同事正巧被分配到提娅的办公室里。

电话营销是个需要遭到很多拒绝的工作。加上这个岗位的技术要求度不高，底薪不高，所以流失率很大。而丹尼尔的独特之处在于，放弃更好的岗位，坚持做自己喜欢的岗位。因此，提娅对他很关注。

但关注归关注，人在遭受长期拒绝的情况下总会有扛不住的时候。于是丹尼尔开始烦躁了。

一天，提娅听见他在挂完电话后骂人。

“听不懂人话！”丹尼尔愤怒地说。在挂完电话后骂顾客是电话营销员常见的一种不良发泄方式。

提娅将这一切看在眼中。她知道丹尼尔采取这种方式是不对的，因为骂人无法从本质上解决业绩不佳这个问题。

几天后的一个周一，丹尼尔终于崩溃了。

“完了！这个星期的业绩又完成不了！”丹尼尔在打完几个电话后说。

看着丹尼尔失意的样子，提娅决定帮帮他。

提娅先丢了一句反话：“你这个人很狂呀！”

这引起了丹尼尔的注意。

小贴士

注意力的特点：人天然爱关注与以往不同的东西。

提娅接着说：“你是神还是仙呀？”

丹尼尔将目光牢牢锁定在提娅脸上。

提娅继续说：“这才周一！你怎么敢预言整个周的业绩呢？”

丹尼尔恍然大悟。

接着，提娅提出了指导意见："好好的，静下来，一个电话一个电话的打，这样才有突破现状的希望。"

丹尼尔点点头。

接下来，他愣了几秒，只感到一阵放松。有了这种感觉后他开始沉下心，认真地完成工作。

过了一会儿，他走到提娅面前表示感谢。

"谢谢你！你的提示太好了！"丹尼尔感激地说。

"没什么，我的工作也是打电话呀！我只是顺手帮下你罢了。"提娅莞尔一笑。

之后，提娅再也没有遇到丹尼尔崩溃的样子了。一个月以后，他的业绩越来越好，直到第一。

小贴士

坏预言的"益处"

1）快速获得释放的感觉。

2）可以不承担罪恶感。

小贴士

但付出的代价是成长的可能性，相当不划算！

3. 面试官最好的心态

招聘是一个可以接触到很多人的岗位。期间，提娅可以看到人生百态。

“你觉得你的判断一定是对的吗？”瑟琳娜问。

“误差是难免的，所以面试官只是尽量保持客观。”提娅回答。

“那如果一个面试者本身不错，但还是让面试官感到不舒服，那面试官应该怎么办呢？”瑟琳娜追问道。

“以大局为重。”提娅坚定地说。

“好心态！”瑟琳娜赞许道。

“我也只是尽力而为罢了。毕竟，我也当过面试者，能体谅就尽量体谅吧！”提娅说，“其实，我以前也抱怨过面试官，或是太在意面试官的脸色，现在想想其实是没有必要的。因为面试官也只是一个岗位罢了，所拥有的权利毕竟有限。体谅其实只是为自己心里舒服点。我其实更喜欢把每次面试当作一次探险，这让我感到很兴奋，并能坚持下去。”

“对！赋予意义，体会意义，这样可以有效地保持好注意力。”瑟琳娜肯定道。

4. 是金子总会发光的

看着公司上层的人员变革频繁，提娅心里想着：“反正一朝天子一朝臣，我又何必去争呢？”

她把专注力放在自己最喜欢的培训工作上。

她依然最喜欢站在讲台上的感觉。这让她感觉自己像是回到了小学时代。那时真的很简单，很幸福。

由于一些办公室在装修，这周的员工培训只能在一间隔音效果一般的会议室里进行，提娅培训的声音让很多人都听到了。

之后，女副总找到她，她才知道自己获得了一些新的关注。

“你的培训真的很好听哦！”女副总说。

“谢谢！”提娅笑着回答。

虽然只是一句肯定，却给提娅莫大的安慰。

但毕竟培训这个岗位在公司里排不上重要的位置，所以提娅以为这句表扬也就过去了。而之后的事情还是发生了一些微妙的变化。

一天，人事经理又要提娅写公文，但第二天提娅就遭到了他的训斥。

“怎么搞的！这个报告上错了好几个字！”斯图尔特愤怒地说。

提娅默不作声，毕竟自己有错。

下午，女副总把提娅单独叫出来问：“你们经理的报告是不是一直都是你在写？”

“差不多。”提娅如实回答。

一切看上去好像风平浪静。

一天，总经理突然要求提娅通知面试者早上 7 点到公司面试，并要求提娅和人力资源部经理也准时到场。提娅二话不说，顺利完成了工作。

接下来一周，天天如此。提娅没觉得什么，但人力资源部经理好像有点变化。

提娅不明白，只需要早点到公司，而且都是没有家庭牵绊的人为什么不可以做到呢?

女副总要提娅打电话问人力资源部经理为什么不来。电话里，该经理的回答很含糊。

提娅只好如实回答，并将注意力放在如何安排现场面试中。

“毕竟，大局为重嘛！”提娅心想着。

5. 你的美德正是你的束缚

“是不是我通知得不好，经理才会生气呢？”提娅将自己的经历告诉了瑟琳娜。

“你做得很好呀。”瑟琳娜说。

“可是，我还是觉得哪里不对。”提娅说。

“那你觉得怎样才算好呢？”瑟琳娜问。

提娅想了一会儿，说：“确实，我想达到的状态不现实。”

“是呀！你只能做到你所能做到的，不必那么苛责自己。”瑟琳娜说。

“但是，我内心还是有种说不出来的害怕。”提娅说。

“你仔细想想：你这种害怕最早来自什么时候？”瑟琳娜问。

提娅点点头，记下了这个问题。

接下来几天，提娅的工作照常进行。但她的潜意识里正在默默地思考。

一天，提娅在夜里突然醒来，她想起了童年。

第二天，“哎！有点怀念小时候了，那个时候的事情没有这么复杂呀！”提娅感叹。

但她转念一想，发觉不对。

“如果没有父母的庇佑，孩子的生存都不可能。因为孩子的幸福是建立在父母的付出之上的。”她自言自语道。

提娅突然领悟到：**生存是孩子首要考虑的问题，因此孩子有着比成人更深的恐惧感。而孩子那种对父母的好，往往是含着深深的恐惧。而恐惧才是导致不平衡的根本。**

“我现在已经没了童年的恐惧。我可以有机会选择自己最喜欢的状态去生活。”提娅想着。

于是，提娅感到一阵放松，沉沉睡去。

令人想不到的是，人力资源部经理斯图尔特在一段时间后突然离职了，说是因家庭原因。但他离开的真正原因究竟是什么，成了一个谜。

6. 应对恐惧的办法

周末，提娅又去了图书馆，查阅相关资料。

------------------------ 书摘 1------------------------

恐惧是与危险相关的情绪，或者也可以说是对危险情境的认知。

恐惧为身体的进一步行动做准备，尤其是逃跑这一动作。

恐惧常常是无意识的。

“也是，毕竟保命最重要。”提娅心想。

------------------------ 书摘 2------------------------

大多数普通的恐惧都符合，或曾经符合以狩猎采集为生的原始人所习以为常的危险处境。

不太恐惧的原始人不利于繁育后代，但过于恐惧的人则错过了重要的狩猎或采集时机，也会缺乏生育后代的机会。

恐惧的对立面并非勇敢，而是“关于该做和不该做的事的科学”，简单来说就是谨慎。

文化性的恐惧与自然恐惧的区别在于它们随着历史变迁改变的特征。

“所以，我是有机会改变的。”提娅心想，心中一片释然。

小贴士

如何管理恐惧情绪

（1）承认情绪，倾听它。

（2）学习掌控恐惧：了解具体情况，学会放松。

（3）与恐惧对峙：掌握主控，以渐进法来将对峙时间延长。

（4）审视它。

7. 本章小结

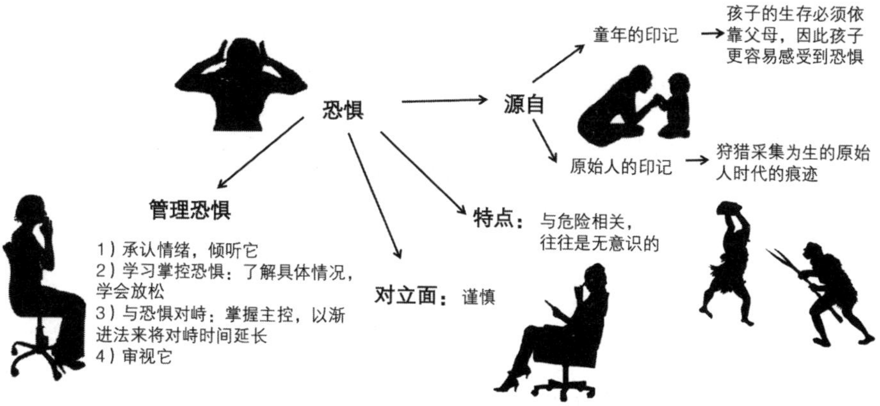
恐惧
源自
童年的印记
孩子的生存必须依靠父母，因此孩子更容易感受到恐惧
原始人的印记
狩猎采集为生的原始人时代的痕迹
管理恐惧
1）承认情绪，倾听它
2）学习掌控恐惧：了解具体情况，学会放松
3）与恐惧对峙：掌握主控，以渐进法来将对峙时间延长
4）审视它
对立面：谨慎
特点：与危险相关，往往是无意识的

小结图

第 9 章

感受匮乏

很多人都以为机会是一条金光大道，而实际上机会更像是一扇只开那么一小会的窄门。

错过了就很难再遇到了。

既然机会那么难得，那为什么那么多人视而不见呢？

他们纠结专注什么呢？

本章则会详细来讲。

1. 冬日暖阳

不知不觉间，提娅周围的人变了不少，有的去了新校区，有的调岗，有的离职。这一切的变化让她感到了一阵阵凄凉。

凯恩由原来的营销总监被降为校区总监。皮特总监倒没有什么变化，但他的工作量增加了很多。于是，提娅很难见得到他们了。

但提娅的世界里还是有些光亮的，史蒂夫就是其中之一。他从总监岗位上被贬到人力资源部，与提娅一起负责招聘工作。

史蒂夫是个随遇而安的人。由于他的基本待遇没有多少变化，因此他接受了安排。他的大度也与提娅的细腻很搭。

于是，提娅有了一段类似冬日暖阳的日子。

“人嘛！起起伏伏很正常。我们现在只需要专注放在完成具体工作上就可以了。”他总是这么安慰提娅。

提娅微笑着点着头。

史蒂夫毕竟任职过校区总监。他对资源的申请、统筹安排很熟练，因此提娅的工作条理清晰了很多。

虽然他们的工作量增加了不少，但多了不少新的体验，比如跑人才市场、跑高校。这让提娅感到开心了很多。

2. 提娅的复习

瑟琳娜看出了提娅近期的变化。于是，提娅把最近的工作情况告诉了瑟琳娜。

“看来你遇到了一位很会安排工作的人哦。”瑟琳娜笑道，“应该说是他把工作调整到一种新平衡的状态中去了。”

“能具体讲讲吗？”提娅好奇地问。

“打个比方吧！如果一个人一天到晚做的都是机械重复的工作，那么很容易感到乏味。”瑟琳娜说，“但如果一个人一天到晚都是不断用脑子去思考突破现状的事情，那么久而久之就很容易产生疲劳。”

提娅点点头。

“因此，好的工作安排一定是兼具安定和挑战两方面的。”瑟琳娜说完，发给提娅一张图。

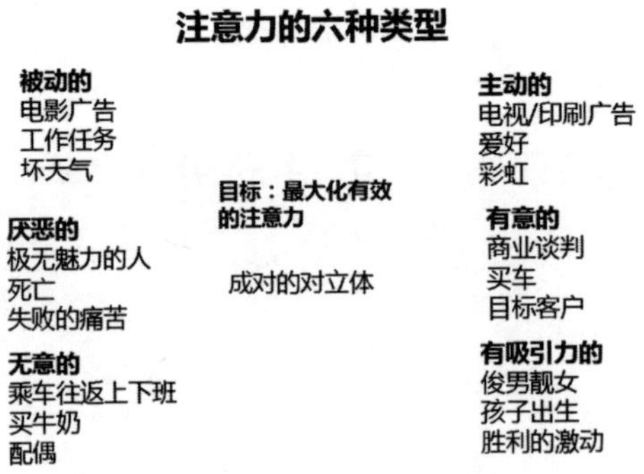

注意力的六种类型

“图中有三对对立关系的注意力类型。其中，如果事物安排能满足一对，人就会感到心安；如果能够满足两对，人就会感到积极；如果三对都满足，那就是极高的体验。”瑟琳娜说。

提娅感到一时难以理解，她疑惑地看着瑟琳娜。

瑟琳娜也看出她的疑惑，安慰道：“不过，这是一步步来实现的，所以一开始不要那么苛刻。你先回去好好体会一下再说。”

提娅点点头。

3. 晋升的机会

有不少事情是意料之外的，比如工资专员的离职。提娅除了感到不舍，不知道说什么好。但目前最重要的是找到接任者。

与史蒂夫一合计，他们决定从公司里有一定资历的校区人事专员中挑选。经过一番思考后，最终敲定了三个候选人。

其实，提娅内心已经有了最佳人选，而这个人也正在候选人中。但为了避免判断失误，她决定采取赛马的方式。于是，她决定先一逐个通知了再说。

提娅首先打电话给心目中最佳人选亚薇。亚薇只愣了 3 秒钟就答应了。

而接下来的那两位就完全不一样了。一个迟疑了一会儿说要放弃，理由是怕适应不了，回不了校区；另一个说要考虑考虑。

提娅感到很生气，平时抱怨工作待遇不够的人中就有她们。而现在明明就有一个作息时间和工资待遇都比原岗位好的工作机会，她们居然这样对待。

提娅直接发话了："我手上已经有人答应要来，我只是想让你多个机会罢了。"

提娅的诚恳换来的却是被问："是谁？"

提娅对电话的另一头失望透了。于是，原本计划的考核都省略了。

几天后，在与皮特总监协调后，亚薇直接升任为工资专员，而霜接任了亚薇的校区专员工作。

小贴示

改变命运的机遇往往稍纵即逝。

4. 自我幻觉：心理弱者的避难所

提娅向瑟琳娜谈起此事。

“我真不明白，那么好的工作机会摆在面前，她们为什么会要放弃。”提娅嘟囔着。

“这说明事情不是你想的那么简单。”瑟琳娜笑道，“从个人发展的角度来说，这确实是一个好机会。因为人天然就有逐利的倾向。但是，还有比趋利更令人关注的，那就是避害。”

“有可能。那她们担心什么呢？”提娅问。

“你再想想。”瑟琳娜说。

“我真不知呀！”提娅说。

“那个人就是你呀！”瑟琳娜叹气。

“我只是想要找个能干好工作的人呀！”提娅很疑惑。

“可她们不一定这么认为，更何况在你之前还走了一位人事经理。”瑟琳娜说。

“她们该不会认为是我弄走了吧？”提娅说。

“没准就是。”瑟琳娜说。

“可我要是这样，高层也不会容我呀！”提娅反驳道。

“请你站在她们的角度思考一下。”瑟琳娜严肃地说。

提娅思考了一下，想起自己以前也说过一些有关上级的消极言论。

“我开始有点懂了。”提娅点点头。

“当然，你在局中，又拿不出什么证据，所以你真不好解释。”瑟琳娜说。

“好在，有亚薇。”提娅欣慰地说。

瑟琳娜笑道：“这至少说明她是相信自己能应对的，或者说是相信你的，也可能是期望成长的愿望强于维持现状。”

小贴士

当机遇来临

机会之门往往就开那么一小会儿，抓住它需要勇气，更重要的是知道自己要什么。

5. 对！就是针对你

公司招来了一位新的校区总监叫 YOUNG。他和丹是一个校区。他的个子虽然不高，但之后做的事情可以说是相当大的动作。而提娅成了他开刀的第一人。

刚开始，提娅只是简单交代了一下他们校区的情况。

“你们校区的教师较其他几个校区难招些。所以你那边有什么需求请早做计划。”提娅对他说。

谁知，这就为之后埋下了风波隐患。

几天后，公司主管级以上人员的邮箱里都收到了 YOUNG 总监写的对提娅工作的抗议，说提娅给校区扣上“难招人”的帽子，这是严重的渎职行为。

YOUNG 的行为让几个管理层感到很诧异。有管理者还问提娅这是怎么一回事。

“没事，谢谢关心。”提娅不想把他们牵扯进来，因为她觉得这个事情她能应付得过来。

既然涉及招聘，那就找招聘相关人员。于是，提娅找到了史蒂夫商量。

“真是！还敢用邮件！放心，这个事情处理起来很简单！”史蒂夫自信满满地说。

于是，提娅与史蒂夫只进行了简单的协商就找到了解决方法。

下午，当女副总经过办公室的时候，史蒂夫把她带到了电脑旁。电脑屏幕上显示的正是 YOUNG 的那封邮件。

史蒂夫马上打开一份电子表格，对副总说：“这是我们近一个月给他们校区的人员统计表。我们已经很关照他们了。”**关键时刻，物证大于人证。**

史蒂夫继续说：“他这么做把提娅弄得很委屈。”

之后，YOUNG 总监被女副总拉到走廊里，私下批评了一顿。但 YOUNG

总监只愿意给史蒂夫道歉。

而他们谈话的时候，提娅刚好经过。

一个连自己错误都不敢承认的人，与其不产生交集是幸事。

提娅打心眼里瞧不起他这种势利眼的行为，也就不想在他身上继续浪费自己的注意力了。

“看样子，他是不敢找我们部门的麻烦了。”提娅心里想着。

但目前，她更在乎部门的尊严。

“哎！资源真是一个好东西，但会让人感到永远不够用呀！”提娅感叹道，“并不是所有人都能够从善意的角度去合理化对方的。”

她开始想念往日的那些时光了。

第四部分

掌控自我

职场中个人的成熟的到来，往往不是令人欣喜的讯号，而是一系列的难以对外人说道的痛苦。

只是在蓦然回首间，发现自己早已适应了周围的环境，并拥有了扭转一些局面的力量罢了。

或许没有鲜花没有掌声，但却在不知不觉间，当事人具有了独当一面的能力。

如何面对再一次的崩溃？如何快速扭转低落的情绪，获得更为强大的专注力？

本部分，将会一一让你知晓。

第10章

感悟管理

职场中，职位越高就一定越好吗？

如果身处于一个自己无法把控的位置，对于当事人来说没准就是无尽痛苦的开始。

从事自己所擅长的事情，除了可以获得更加容易掌握的专注力以外，还会有更好的礼物。

那是什么呢？

本章将会给出答案。

1．举手之劳

提娅他们的工作量越来越大，不过好在女副总能够理解。

而南希就可怜多了。她不仅被加了工作量，还多次被女副总批评，说她工作不够努力。

提娅觉得她们之间虽然有过摩擦，但当时南希的反应属于可以理解的范围，而且没有影响工作，在她受到委屈时不应该坐视不理。

于是，当一次女副总当众说南希工作效率不够时，提娅发话了："副总，是这样的，我们以前负责老师招聘的人有 4 个，现在是校区增多了，负责工作的人却变少了。"

"是吗？"女副总一愣。

南希的一场责备就这样被化解了。之后，女副总一查果然如此。从此，南希再也没有遭到类似的批评了。

但是，这只是暴风雨来临前的暂时的平静罢了。

小贴士

职场中的善良

在职场中，没必要刻意去当好人，也没有必要在任何时候都铁石心肠。

毕竟，人与人之间的互相扶持是职场存在的一大原则。没有合作谈不上整个部门的效率达成。

当对方处于困境的时候，只要不危及自身的根本利益，还是可以适当去帮助本质不坏的人。

因为雪中送炭的温暖可能会照亮一个人内心很久很久。

注：帮助时，要以事实为依据，且要抱着以大局为重，不求回报的心态。

2. 无法理喻的经理

过了一段时间，公司又来了一位人力资源部经理。她比提娅大5岁，已婚，有个上小学的孩子，但身材很苗条，一副精明强干的样子。但她之后的行为让周围的人都吓了一跳。

她的家境似乎还不错，一进公司就展示出她的讲究：不用公司电脑而用自带的苹果笔记本，时不时展现出自己去过很多地方，用过很多高级的产品。

而提娅只是觉得一个人应该做好自己的工作才是正途。所以，提娅只当作耳旁风，任其飞过。

但接下来的事情就不是忽略那么简单了。她开始批评整个人力资源部的工作，尤其是招聘工作不到位。但她又拿不出什么实际性的改进意见。提娅他们只好先努力地去完成工作。

原本以为过一段时间，她会沉下心来正视问题，但是没有。她只是迅速招来了一个自己以前公司的人—— 一个与人力资源部毫不相关的市场工作人员。

更让人无法理解的是，她利用自己手中的权利，使新招来的这个人的工资高于南希和提娅的。而实际上这个人的工作能力远不及实际在岗人员的一半。

这个人还有一个令提娅她们很不爽的行为：晒自己的“未来”。

“我婆家娘家都有房子，而这以后都是我的。”她提到。

提娅心想着：“这不是还没有吗？更何况这本身就是一种啃老思维。”

提娅对她这种行为不想理会。但三番五次之后，她还讲成习惯了。

一次，在她“炫耀”的时候，南希站了出来。

“我娘家已经给我置办了一套房子，我也觉得没什么呀！”南希冷冷地说。

从此以后，那个人再也没有讲有关房子的事情了。

而是换了一张嘴脸，羡慕地对南希说：“你好有福气呀！”

南希和提娅一律不理。

于是，这个人的炫耀行为就此中断了。

提娅只是感叹："这样的人怎么能有这样的薪酬待遇呢？"

总之，真是一个无法理喻的经理呀！

小贴士

炫耀有两个目的：一个是示威，一个是争取他人的目光。

前者是一种敌意的展示，这种心态是吸引不到朋友的；后者则是像个小孩儿一样在祈求，但职场不需要孩子一样心态的人。

3. 绝望中的温暖

那个新来的女经理依然抓着招聘工作牢牢不放。但她只是在批评，根本拿不出什么建设性的意见。为此，史蒂夫跟她多次进行沟通，但毫无进展。

提娅看出来了：这个人只是仗着自己的位置毫无原则地使用自己的权利，根本就没有一点管理能力。

提娅开始感到自己在这个公司的发展一片黑暗。

“莫妮卡和斯图尔特至少守住了不滥用权利的底线。”她甚至开始怀念起前两任经理了。

然而，这个女经理的行为根本就没有停的意思。

一天，她把史蒂夫、提娅和自己所招的那个人一起叫进了办公室，公布了她的意思：她要改变提娅和史蒂夫的工资结构，变成底薪加业绩提成。换句话说就是没有完成任务就只能拿最基本的工资。

“我不同意！”提娅大声地说。

她终于愤怒了，撂下话摔门而去。

提娅昏昏沉沉地走进办公室，坐在办公室桌旁，泪水夺框而出。她打开了电脑，准备填写《离职申请表》。

南希看出了一些端倪，忙问提娅是怎么回事，提娅默不作声。

女副总也看出提娅的情绪不对，指着电脑上的《离职申请表》忙问怎么回事?

这时，史蒂夫也走了过来，忙说：“我要离职了，所以提娅有点难受。”

这令其他人都惊呆了。

接下来，史蒂夫和女副总走进办公室。没有人知道，他们具体讲了些什么。

其他，一切安静。

过了一会儿，史蒂夫走了出来，对提娅说：“副总答应会跟我们经理单独聊的。”

提娅感到心头一阵温暖，泪水再次从眼眶中滑落。她感觉有了继续撑下去的力量。

之后，女副总告诉了提娅一些真相。

“你们的经理正在跟她老公闹离婚，很可怜的。”女副总说。

提娅默不作声，她觉得一个职场人需要有协调好家庭与事业关系的能力。

之后，女副总找来了女经理进行了面谈。之后，女经理慌慌张张地找到了提娅。

“我刚才不是那个意思……”她一面解释，一面给了提娅一些赞美的词语。

提娅冷冷地看着她的表现，打心眼里瞧不起她，只是应付着。

过了一会儿，提娅开口了：“我知道你的压力来自其他部门，但人切不可因为谁权力大就听谁的。就像一个家里，无论妻子如何百依百顺，都是换不来丈夫的尊重的。因为**人是需要通过守住底线才能获得尊重。一个部门更是如此！**”

女经理听了提娅的话，惊呆了。

一周以后，女经理不告而别。而她所招的那个人则慌慌张张地调到了市场部。

4. 意志力的局限

其实，让提娅更难受的是如何面对女副总。提娅硬是搞不懂：看起来那么聪慧温和的女副总，怎么会招来这么个不靠谱的经理。她只好把问题交给了瑟琳娜。

瑟琳娜开门见山地问："你难道不觉得当时的行为有些过于冲动了吗？"

提娅点点头。

"而这能代表你一直所拥有的判断水平吗？"瑟琳娜问。

提娅摇摇头。

"就我的感触是，你是一点点走到这一步的。"瑟琳娜说。

"确实。"提娅点点头。

"你在中途有没有觉察出一些不对劲儿呢？"瑟琳娜问。

"有，但一下子说不上来。我起初对她真没什么印象，谈不上喜欢也谈不上不喜欢。"提娅说，"但后来被她搞糊涂了，以为这就是她的管理风格，后来发现她真的是越来越不像话了，我才产生了怀疑。"

"那你与她沟通了吗？"瑟琳娜问。

"沟通了，但她依然我行我素。"提娅说。

"我记得你的沟通能力算是不错的，特别是在与几个总监沟通的时候。"瑟琳娜说。

"是的，但我不知道为什么在她面前我的能力就是发挥不出来。"提娅说。

"让我想一想吧！"瑟琳娜说。

过了一会儿，瑟琳娜开口了："没准你的冲动是对的。"

提娅被弄糊涂了。

"我们先将这个话题放一放吧！个中缘由你得用心去找。但有一点我可以肯定：这个女经理真不适合这个岗位。"瑟琳娜接着又转换了话题，"至于你所看好的副总为什么会选她，这个我不知道。但我的答案是，这个副总最近可能遭遇到了什么大的打击。”

“何出此言？”提娅感到诧异。

瑟琳娜解释道：“这么聪明能干的一个人会做出这样差的决定的原因很可能就是她的意志力处于透支的状态。排除身体原因，那么就是心理原因。”

提娅点点头，虽然她还是不很明白。

于是，瑟琳娜给提娅发了一些资料。

小贴士

意志力的局限

（1）意志力受身体状态影响；

（2）受血糖水平影响尤为突出；

（3）受执行者的自我肯定强度影响；

（4）人的意志力跟肌肉的耐力一样，是相对长的时间内是有一定额度；

（5）受所做事情的认同度影响。

“我有点感觉了。”提娅说道。

“有感觉就好。”瑟琳娜笑道，“很多事情不能以非黑即白来评论的。就像这个女副总，你觉得好，但并不表明她做什么都好。”

提娅点点头。

5. 悲哀：女副总之殇

在那个女经理离职后，有关她的“身世”传闻浮了出来。

有的说：“我看她早就不行了。”

有的说：“她原先的公司可大了，但是说倒闭就倒闭了。”

还有的说：“她原先就是一个小专员，连基本的管理都没有干过。”

面对这些事后诸葛亮的评论，提娅只是摇头。

“看客如此之多，但能够做到在关键时刻挺身而出的有几个呢？”她心想。

不过，好在有史蒂夫、南希和亚薇。于是，提娅的日子又恢复了平静。她只是感到了自己开始越发珍惜每一天了。

渐渐地，女副总和提娅的关系也越来越近了。她开始给提娅诉说自己的烦恼了。

“我觉得自己真的很对不起自己的孩子。”女副总感叹。

提娅毕竟没有结过婚，所以她只好听着。

“哎！工作总是这么忙，我有什么办法呢？”女副总继续说。

提娅点点头。这个她能理解。

但接下来，女副总的话让提娅大吃一惊。

“我老公在电话里说，我要是累死在外面，他是连尸首都不会为我收的。”女副总苦笑着说。

女副总的表情是那么的平淡，但提娅还是感受到了一阵心痛，只是她不知道该如何安慰。

之后，她们只是简单聊点别的。但女副总的话深深刻入了提娅的心中。

回到家中，提娅的心情久久不能平静。

“小时候虽然多次被说过‘女孩不如男孩’的话，但我当时真的没怎么在意。我只知道沉浸于个人世界里的感觉很好，因为这可以让我暂时忘记家中琐事。所以，真的没把男女之别放在心上。”提娅心里想着，“工作中，我虽然感到了一些疑惑，但我接受时也没有多往这方面想。虽然，我也看到一些岗位招聘的不公正，但我觉得如果能力够了，总会被接受的。”

“但，看到女副总这样……”提娅感到很痛苦，她有种世界崩塌的感觉。

“这么阳光、努力、肯吃苦的女人，好不容易步入了管理层，但就因为她是女人，没管孩子就要遭受如此咒骂。为什么会这样？”提娅感到一片茫然。

她开始有些理解女副总为什么会做出那么错误的决定了。

6. 同行见同行的小惊喜

工作忙时，负责各项目的人员就会分散。这一次，提娅一个人去了招聘会现场。

招聘的间歇时可以结识或观察一些其他公司的 HR 是一件十分有趣的事情。如果能遇到一些合拍的人感觉更是美妙。

“我出去抽根烟，你可以帮我照看下吗？”提娅隔壁展位的一个招聘官请她帮忙。

举手之劳，能帮就帮，做人力资源的很多人都懂这个。于是，提娅很爽快地答应了。

过了一会儿，那个人回来了，并向提娅道谢。由于人不多，他们就攀谈了起来。

只要不存在竞争关系，分享一些彼此的经验是件很有意思的事情。而这一次正是如此。

“你那什么岗位缺口最大呀？”那个人问她。

“优秀的销售咨询人员以及高中数理老师。”提娅如实回答。

“哦？这些岗位的门槛看起来都不是很高呀！”那个人说。

“是的。但难就难在这个好字上了。”提娅说。那个人惊讶地问：“得多好呀？”

“做销售的，最起码要求可以独立谈单。”提娅说。

“这怎么测？”不愧为同行，问题问得很专业。

“我在面试的过程中会先看对方的神态，再看这个人对话题的掌控能力。”提娅回答，“如果一个做销售的连掌控话题的基本能力都没有，那么这个人一定算不上是一个好咨询。”

“那剩下的就要交给其他部门的经理，对吗？”那个人问。

“差不多。”提娅回答。

“那老师呢？看言谈和经历吗？”那个人问。

“这只是考察的一个方面。毕竟老师的功力最终体现的是解题与讲课上。”提娅说。

“也是。做得久不一定解题和讲解能力就比做得短的强。”那个人点点头。

提娅也点点头说:“是的,毕竟家长最终要看到的是孩子真正的成绩提升。”

说到这儿，对方打量了提娅几眼说：“我感觉，在人力资源岗位里，你最适合的是培训。”

“我也确实是在做培训。你真厉害！”提娅莞尔一笑。

“哈哈！一个岗位做久了，总会有种直觉。”那个人笑道。

“我也体会到了。说不清楚为什么，但总能判断得八九不离十。”提娅有点认同他的观点。

“说的不错！看来在这件事情上，你很有体会嘛。”那个人说。

“偶尔会，但不稳定。”提娅不好意思地笑了笑。

“别急，坚持下去总会有的。”那个人鼓励道。提娅连忙感谢。

“行业直觉是一个行业做久后的礼物。”提娅心想着。于是，她又多了几分往前走的勇气。

7. 纠结：培养不如挖人

虽然有史蒂夫的协助，但公司对人的需求还是不断增加。毕竟，好的人往往会让公司更愿意留，而不那么好的更容易飘来飘去。

“一边不停招，一边不停流失，永无尽头呀！”提娅感叹。

于是，有人给提娅出主意：“你们为什么不去主动挖人呢？我们校区好几个销售都收到一个公司老头的电话了。”

提娅意识到这是HR的一种低端手段，她将此事告诉了史蒂夫。

“你是怎么想的呢？”史蒂夫问。

“这种事情还真适合老头来做。”提娅答道。

提娅的回答让史蒂夫有点吃惊，他忙问为什么。

“那种人可以不顾及什么呀。反正只需要混到退休就行了。”提娅回答。

提娅的话打动了史蒂夫，他点点头说：“对！而且这个事情也无法从根本上解决问题。”

两个人相视一笑，默契不言而喻。

但总有人愿意做这样的事情，比如莫妮卡。她找了一家和原公司性质相同的本地公司，继续担任HR部门经理。

相较于那个老头，莫妮卡的段位更高。她的新公司开出了更加优厚的待遇，目标是挖中层人员。这对处于惶恐期的管理人员极具有诱惑性。紧接着，由于管理人员的离开，使得一些优秀的热门岗位人员跟随。一时，公司人心惶惶。

“都想要现成的，但哪有那么多现成的呀！”提娅陷入了思考，“好不容易培养出的人才或制作出的成型体系被人拿走了，怎么办？”

远期近期之选中，太多人会选择直接得到而且少付出的那个了。

“可是，这么折腾几次后，将如何面对接下来的职业生涯呢？”提娅很困惑。

她还是打算搏一搏。

“大不了一无所获。”她心想。

8. 心流：深度工作的美妙

面对不断的“挖人”风潮，提娅他们也在不断努力应对。首先，反复告诫各校区严格按照公司原本规章：离职人员（正式）必须提前三个月递交申请，并严格按照交接流程进行。其次，加大新员工以及现有员工的训练，使得更多人有机会成为熟手。再加上史蒂夫毕竟做过校区总监，沟通说服能力很强，这让实行起来省力了很多。

提娅则主动请缨去完善员工训练的内容。毕竟，这是提娅最喜欢的工作，所以她工作得很开心。而且，在这种跑来跑去的过程中她认识了更多的人，了解到了更多公司更真实的信息。渐渐提娅感到了一阵阵的踏实。

虽然在很多人看来，用自己的业余时间来完成公司的事情很亏，但对于提娅而言这就是一项娱乐。她感觉自己又回到了小时候，成为了那个只是为了画画而画画的自己，那个只是为了作品更好而废寝忘食的自己。

瑟琳娜也看出了提娅的变化。“你最近的状态不错呀！”

“做自己想做的事情，感觉真的很好。”提娅说。于是，她讲述了自己最近的心态变化。

“哈哈！看来你真体会到了心流的感觉。”瑟琳娜说完，给提娅发了一段资料。

小贴士

心流（Mental flow）在心理学中是一种某者在专注进行某行为时所表现的心理状态。如艺术家在创作时所表现的心理状态。某者在此状态时，通常不愿被打扰，即抗拒中断。定义是一种将个人精神力完全投注在某种活动上的感觉，心流产生时同时会有高度的兴奋及充实感。

“反正不管结局如何，光体验这个过程我也觉得很值了。”提娅笑着说。于是，她有了更强大的继续走下去的动力和信心。

9. 新领域

随着工作的深入，提娅有了越来越多的做自己的感觉。让她意想不到的是，越来越多的人愿意找她讨论工作上的问题。

“其实，就我的感觉，很多孩子的成绩上不去的原因不是不努力，而是需要协调。”一位教务部的人跟提娅说，“我们向一些家长推荐了心理咨询项目，但我们一提到‘心理’这个词往往会遭到抗拒。”

“总是这样吗？”提娅问。

教务部的人说：“很多都是。除非是特别开明的，但开明家长的孩子往往不会有这方面的问题，即使有也能很快解决，而那些不开明的就很麻烦了。”

“也是。”提娅点点头。

如此这般就陷入了一个死循环。

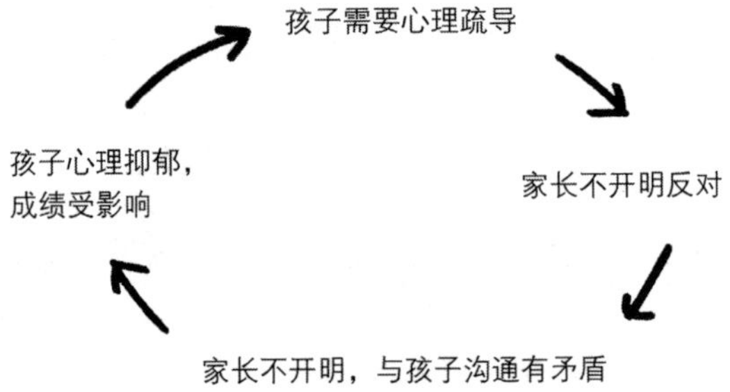

家长与孩子之间的沟通死循环

由于提娅对心理学有所了解，所以她知道这对一个人的改变有着重要的积极意义。但她目前所能做的也只是将问题聚焦。

“看来问题在于如何说服家长接受‘心理’这个词汇。”提娅心想，“如果能做到，这一定很有意义。”

虽然工作还是处于低迷期，但提娅的内心已经不慌乱了。

10. 本章小结

小结图 -1

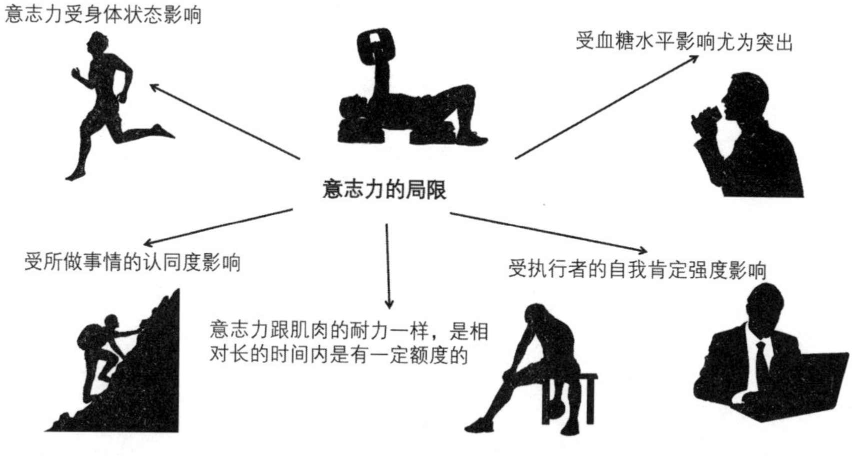

小结图 -2

小结图 -3

第11章

无法逃避的往事

虽然，工作和家庭是两个不同的领域，但依然会相互影响。

只是当一个人拥有足够强大力量的时候，则可以跨领域去解决另一个领域的困惑。

那如何开始？如何解决？

本章将会详细来谈。

1. 冰火两重天

有的岗位因为缺人严重，导致一些公司不择手段地“挖人”；而有的岗位则是供大于求，致使一些人动用关系甚至有点强求的手段来争取，比如初中英语老师。

提娅真不明白：应聘的都是大学毕业生，努力提高自己的知识结构和业务水平，就不需要这么被动了。

但，这种人还是一而再、再而三地出现。就连提娅亲戚那边也找到提娅，想要塞一个人进来。提娅拒绝了好几次，但那边硬是不信。

一天，一位亲戚出现在提娅面前。刚开始提娅被这个亲戚的唐突吓了一跳，但很快就冷静下来了。

“职位不高就摆谱了呀！”亲戚傲慢地说。

“我只是实话实说罢了。”提娅回答。

一阵沉默后，提娅开口了：“我们这一代人的职业生涯至少30年以上。如果一开始就选择了一个又拥挤、待遇又低，前景又不好的职业是非常吃亏的。因为在这样的岗位上使用各种手段去争取，顶多就一个自保，而且是特别辛苦的那种。你难道不觉得很不值得吗？”

亲戚一愣。

提娅知道，这是一个给对方说明的好机会，于是继续说：“我这有的岗位缺人缺到一些公司不惜一切的手段来挖人。如果她想了解并且愿意为之改变，我可以告诉她。”

接下来，提娅借工作忙为由，离开了。

小贴士

机械思维 / 从众思维

在远古社会遭遇重大自然灾害或猎食者的时候，由于情况紧急，形势不明，这个时候动物会选择跟着大流走，存活下来的机会往往比较高。因此，这份偏好在人类的基因中保留了下来。

但，人类社会是复杂的，而社会的需求是多样的，如果不考虑实际情况和自身特点盲目跟着大溜做选择，往往会一事无成。

2. 凝视自己的黑暗面

亲戚的出现唤起了提娅的很多记忆。提娅知道：潜意识的盒子一旦打开，想要收拢是需要花时间和精力的。

回到家中，提娅的心情久久不能平静。

面对情绪大潮的来临，人往往会产生恐惧的情绪。因此很多人会本能地采取很笨的一种办法：压抑。其实这个时候，最快的处理办法就是发泄，然后再进行平复。还有一种更好的办法，那就是：凝视。这也是提娅这次所选择的。

提娅陷入回忆中："从小，我就一直被教导要当一个乖女孩，而我一直以为这样可以让全家永远幸福快乐。可我无论怎样努力都没有得到这种永远。于是我的路只剩下了拼学习。"

她继续想着："上了大学后，随着我与同学交往的频繁，我发现这个世界上父母是有很大不同的。可当我把自己的想法告诉妈妈时，她根本就不听我讲，当时的我就对她产生了疑问。这个疑问由于我一直没有深刻思考，于是它在不知不觉中不断扩大，变成我对整个人生的怀疑和排斥。"

于是，提娅得出了一个让她有些惊讶的结论："其实我对妈妈是有怨恨的。"

她只是感到自己的世界一片黑暗，由于这个问题涉及过深，提娅只好先打断思维，选择休息一下。

当能力不够的时候去挑战很深的问题是危险的，于是她选择先努力地投入工作中再说。

3. 维护的勇气

提娅发现自己最近很喜欢听一些后来人员讲自己的工作，因为里面有很多鲜活的东西。从他们那儿可以听到很多家长以及孩子方面真实的问题。

“那个孩子就趁我不注意把我刚买的饮料给喝了。我说了他一句，他就拿起杯子跑到饮水机那儿给我兑满了。然后很理直气壮地往我的桌子上一放，丢了一句：‘还给你！’”一位老师愤愤不平地说。

“你没跟他的父母讲吗？”提娅问。

“讲了。他的妈妈觉得是我是大惊小怪。”那位老师说，“没办法！她既然不在意，我就只能管好自己的东西。而对待这个学生，我只负责讲课。”

“哎！也只能按照规矩办了。”提娅点点头。

提娅知道：这些看似与学习毫无关系的小事，其实在人的品质养成中是极为重要的。但家长不在意，而且拒绝帮助，也就只能作罢。

几次交流下来，提娅向这个老师请教了一个问题：“你觉得作为一个家长最重要的品质是什么？”

那个老师思考了一会儿说：“**明辨是非，且能勇于维护**。就教孩子知识方面来说，家长再好也很难比上专业的老师。但再好的老师遇到不明是非的家长，也毫无办法。”

提娅只是感到眼前一亮，忙问为什么。

那个老师解释说：“**成长，特别是孩子的成长的过程中，往往意味着一次次新的思维替换旧有思维。而这是个很复杂，且因人而异的过程。虽然这个过程有一定的规律性，但影响因素很多，所以浮动和成功的体现会有一定的偏差。作为家长此时最重要的是要坚信自己的孩子会变得更好，这样孩子吸收知识的可能性会有很大提高。**”

“但，万一不行呢？”提娅问。

“那就正视问题，把考试的暂时失利当作一次了解学生自己的机会。”那个老师说，“其实，考试只是人生的一个阶段。**留给孩子一段充满力量感的经历，才是最有价值的。**”

提娅恍然大悟，连声道谢。

4. 决心的力量

回到家，提娅继续思考她对母亲所持有的复杂情感。

“爱恨之间究竟是什么关系呢？”提娅思考着。

由于问题太大，她半天没有找到突破口，于是她换了一个角度。

“情绪其实就是一种对现有情况的个性化判断的结论。既然是结论，那就一定有其衡量的依据和标准。当依据或衡量的标准发生变化时，结论很可能就发生改变。”提娅思考着，“因为我所体会的世界在不断地变化，所以我的衡量标准也在变化，因而得出的结论也在发生着变化。但有一点不变的就是：我很在意我的妈妈。”

找到突破口后，提娅继续思考：“因为我在意她，所以我对她的情绪才会有各种变化，而**情绪也因为在乎所以强烈**。只是这往往意味着旧有思维的打破，所以会让人感到不安。但只要愿意，人在一定程度上还是有一定的控制力的。”

提娅想起了与那个老师交流的内容。于是，她继续往下想：“相信并努力才有希望得到好的结果。而坚持地维护我并相信我，这个妈妈做到了。勇于维护自己所爱的人，光这一点就值得被爱。”

她感到豁然开朗。

“对！我就是愿意相信我是爱她的，‘恨’只是我一时困惑的反馈。而这只是为了更好地去爱她做铺垫的。”提娅愉快地总结道，“因为，我是成人了。我需要主动接受这一次次的思维调整。我相信这又是一番新的天地。”

想到这儿，提娅感到一阵释然与放松。

5. 接受不完美

提娅拿起工作记录，就如何说服家长接受心理咨询这个问题继续思考。

专业人做专业事，所以提娅找来公司专业的心理咨询师请教。

“就你的了解，心理咨询对一个学生最大的好处是什么？”提娅开门见山地问。

“了解自己，接受自己，并与潜意识达成和谐。”咨询师回答得也很直接。

小贴士

什么是潜意识

潜意识是心理学术语，是指人类心理活动中，不能认知或没有认知到的部分，是人们“已经发生但并未达到意识状态的心理活动过程”。

弗洛伊德又将潜意识分为前意识和无意识两个部分，有的又译为潜意识。

我们是无法觉察潜意识的，但它影响意识体验的方式却是最基本的：我们如何看待自己和他人，如何看待我们生活中日常活动的意义，我们所做出的关乎生死的快速判断和决定能力，以及我们本能体验中所采取的行动。

潜意识所完成的工作是人类生存和进化过程中不可或缺的一部分。

小贴士

从大方向来说，潜意识比意识拥有更加强大的力量。

“每个人都是独特的，都有着对这个世界的不同视角以及看待的权力。只是人与人在交往的过程中，总会有分歧和冲突，而这个时候就需要有一定的规则来介入。”咨询师继续说，“但规则是为了方便整体的发展而制定的，如果违背了这个初衷，就会有各种的矛盾。”

“对！但修改起来可不容易哦！”提娅回应道。

“是呀！所以这是一个循序渐进的过程，是一个需要有人辅助的过程。”咨询师继续说，“因此，心理咨询师需要做的工作有很多：让对方接纳、让对方表达自我、辅助对方整理信息，并帮助对方看到新的可能性以及与当下完成事情之间的关系。”

“厉害！其实，很多矛盾认真分析下来就会发现没有那么绝对。”提娅赞叹道，继续问，“也就是一切都在变化中，没有绝对静止的完美，对吗？”

“对！接受变化才能完成。就像公司里的各个岗位，每个岗位所需要的是符合岗位要求的人，而不是完美的人。”咨询师点点头，“了解自己、接受自己、做好自己是人一辈子的主题。而学习只是其中一个途径罢了。没有完美的老师、家长和学生，有的只是接受自己，并努力让自己更好的努力罢了。”

不愧为专业人士，提娅感到一阵轻松。

“受益匪浅！”提娅赞许道。

6. 本章小结

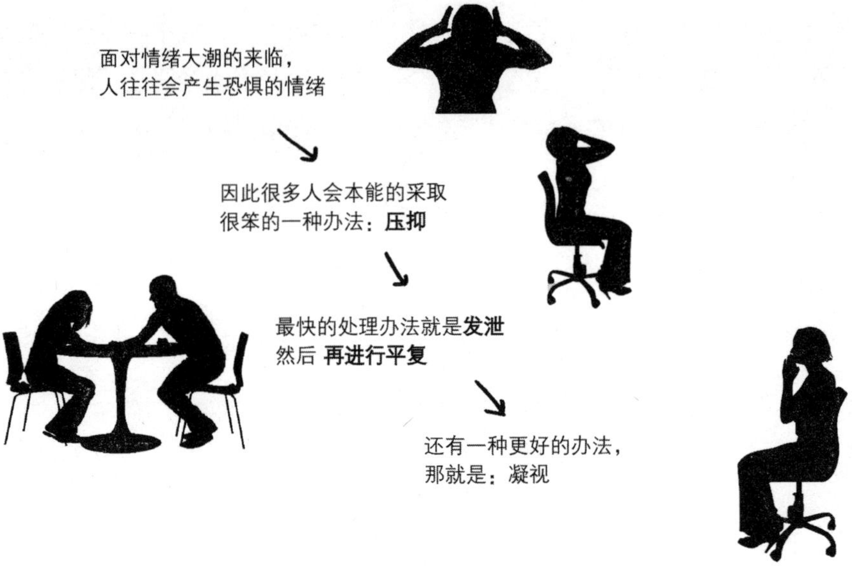
面对情绪大潮的来临，
人往往会产生恐惧的情绪
因此很多人会本能的采取
很笨的一种办法：**压抑**
最快的处理办法就是**发泄**
然后 **再进行平复**
还有一种更好的办法，
那就是：凝视

小结图

第12章

最佳选择

渺小感一直就是一个人不得不需要面对的。

提娅再次遇到了。

这一次，她将会如何应对呢?

本章将会给出答案。

1. 独当一面

面对急需的岗位，公司会做一些妥协，比如高中的数学或者物理老师。正巧，有一位刚毕业的硕士生面试高中数学老师这个职位。

虽然她的基本条件都符合，但做了个测试卷后，提娅发现成绩很勉强。

由于急需，加上她学历比较高，所以放宽了她的入职条件。

没想到，她先是要求推迟入岗时间，后要求换校区，最后才勉强入了岗。她这一番折腾，算是给整个人力资源部留下了“深刻”的印象。

原本以为她就此可以安定下来，可没过几天，人事专员就告诉提娅：“给她安排课时，她不接。”

“为什么？”提娅问。

“她说她怀孕了。”人事专员如实回答。

提娅无语。作为人力资源从业者，她知道：按照劳动法，女职工在怀孕期公司是不能辞退的。

提娅很生气，这个人是明摆着来占公司便宜的。

“这叫什么硕士！这么高的学历，素质却如此之低。”提娅想要骂人。

但骂人是解决不了问题的。她可以低劣，但人力资源部要按章行事。

于是，提娅调整状态开始思考：“的确，公司不能辞退怀孕期的女职工。但首先她得证明自己怀孕了才是。”

提娅看到了一丝可能性。

于是，她找来几个休过产假的人来询问。答案基本统一：B 超报告单，再不济有正规医院的化验单，但这个做假的可能性比较大。

于是，提娅给相关人事打了电话：“要她拿 B 超报告单来，因为我们需要可靠的证明。”

校区人事很快就回复了：“她说她只是准备怀孕。”

这个处理办法再明确不过了。

“直接辞退。按照劳动法，该怎么办就怎么办！”提娅很明确地说。

校区立马照办。

岗位再急，学历再高，但素质低劣，不遵守职场规则的人对于公司来说是必须要清除的对象。否则，留下来不但没有益处，还会给其他人造成破坏性的影响。这是职场管理的基本常识。

第二天，那个人灰溜溜地来到公司办理了离职手续，完全没有了当初那副傲慢的气焰。提娅只想到一个词：名不副实。

2. 理性与非理性

提娅将心理咨询推广的事情告诉了瑟琳娜。

“是呀，私下接受还好。但一想到自己的亲人或者自己要正式接受心理咨询就会往‘精神病’这个词上去靠。”瑟琳娜说，“主要是卡在如何向其他人说明这关上了。更准确的说是卡在情感上了。”

提娅点点头。

这次，瑟琳娜也想不出办法。于是，她们只好把这个问题放一放。

突然，提娅想到一个相反的事情。

“有些事情用心一想就知道是套路，但人还是心甘情愿地一次次接受。”提娅说，“就像公司的咨询部，仗着公司的重视，总是时不时地发愿。比如，要是给我足够的人，我这次一定能完成目标。”

“结果呢？”瑟琳娜问。

“几乎没几次能完成。当没有完成的时候就开始把责任往外推。”提娅郁闷地说。

“哈哈，挺会钻空子嘛！”瑟琳娜笑道。

“用心想就是一个套路，但它真的有效。”提娅说。

瑟琳娜思考了一下说：“提娅，我发现你由过于感性走向过于理性的极端了。”

提娅惊讶地看着瑟琳娜。

“你能够一下子看清楚这些，这是你长期坚持冷静思考训练的结果。但你的水平到了，不代表别人的水平就到了。”瑟琳娜说，**“想要影响别人，光靠理性是不够的，你得运用非理性的力量。**其实从某种意义来说，**非理性对人的影响力远大理性。”**

“但它是暂时的呀！”提娅提出反对意见。

“但它立竿见影呀！”瑟琳娜反驳道。

“也是。”提娅点点头。

“所以两者不可偏废，这是我的感悟。但你所困惑的事情，还得你自己去思考解决。”瑟琳娜说。

提娅点点头。虽然还是有些不清楚，但她感觉到自己看到了大概的方向。

3. 名字的奥秘

回到家，提娅将问题写在了纸上：**对心理咨询的抗拒。**

她想了半天也找不到答案。

提娅走出房间，看见妈妈正在看电视。屏幕上播放着电视购物的广告，主持人正兴致勃勃地推销着一件衣服："这件露背装，可以展示出你迷人的蝴蝶骨！"

"这不就是肩胛骨吗？"提娅的妈妈迷惑不解地问。

提娅定睛一看，确实如此。

"是呀，就是为了哄人钱！"妈妈嘟囔道。

这时，提娅转念一想："如果说是肩胛骨，那顾客就不愿意去购买了。而用'蝴蝶骨'这个词就会让人联想到美丽，从而不知不觉中增加了购买的可能性。"

于是，提娅立马回到房间，重新审视那个让她愁眉不展的问题。

"没准重新命名就是一个突破点。"她心里想，"只是该如何重新命名呢？"

提娅将思考拉回到"肩胛骨"这个词语上。

"肩胛骨、蝴蝶骨指的都是同一个事物。只是它们所描述的角度不同罢了。一个是医学术语；一个是人们观感上的命名。"提娅心想，"那词语还可以从什么角度来命名呢？"

她拿来一张大纸，把自己所能想到的一些具有代表性的词语写了下来，并分析了命名的角度。

"感受、发明人、传说、功效、学术、形状、色彩、声音、祝福、挂靠……"

提娅一下子写了十几个。

然后她将不适合的一一划掉。于是，只剩下几个角度：**感受、功效、祝福、挂靠。**

虽然范围一下子缩小很多，但她还是感到差点火候。

于是，提娅问了自己这样一个问题："那些愿意让自己孩子参加心理咨询的家长，具体是看中了这项服务的什么呢？"

显而易见，这个问题是可以找到答案的。

于是，提娅感到一阵轻松。

4. 突破口

在公司里，提娅经过一番努力终于得到了自己想要的答案。

"他们只是觉得：经过专业人士的引导，最起码可以让孩子的心情更好点。因为这个年龄阶段的很多孩子不愿意跟父母吐露心事。"一位咨询师说，"但不吐露心事往往就会走入思维的死胡同。而经过心理咨询师的引导可以让孩子有豁然开朗的感觉。"

提娅觉得又会有所突破了，于是开始了新的思考："要的就是豁然开朗的感觉。"

但豁然开朗这个词并不理想，提娅只好继续思考其他途径。

这时，南希走了过来，对提娅说："想不出答案来就暂时放一放，压力别那么大。"

提娅一愣。

"压力——豁然开朗。"提娅突然有了灵感，"对了！就叫减压室！"

这个词简单、直接、明了。提娅很满意。于是，她很兴奋地写下了这个词：

减压室

提娅长舒一口气，感到一阵释然。

小贴示

在一次次的刻意努力中，人对新思维的掌握也逐渐由生疏到熟练，再到无意识地流畅使用了。而这种突变往往是突然来临的。

5. 和自我成为朋友

提娅把自己的想法告诉了教学总监。

“这个想法不错，我去争取一下。”教学总监赞叹道。

“要相关人员去说去做，这是推动一个事情发展的最好办法。”提娅心想。

但一项意见哪能推动得那么快呀！更何况这个事情很可能涉及整个公司。因此，之后如何具体推进是提娅无法知道的。

“尽人事，听天命吧！”提娅自我安慰道。

就在这个时候，霜提出了离职，理由是回家相亲。

提娅很是不舍，而霜也看出了提娅的心思。

提娅很清楚：离职是个人的权利。但如果只是客气，提娅又觉得这又有些欠妥。毕竟，大家在一起相处得都很愉快。

于是，提娅准备采取一个另种方式。

她严肃地说：“你知道不知道我们在你身上花了多少心思，我原本计划只要机缘合适就让你升职的，可你居然……”

霜感到惭愧，低头不语。

提娅话锋一转，平静地说：“所以，你就给我回家忏悔去吧！”

霜一愣，但她很快就反应过来了。

“好！我回家忏悔去。”她低声说。

两人相视一笑。聚散是缘，相离何必愧疚呢？

只是，提娅所不知道的是：这一切被一旁的女副总看在眼中。

6. 提问的力量

回到家中，提娅感到一阵释然，但又有些感慨。

“人呀！只要投入了感情，注意力和精力就会不知不觉间耗在上面。”提娅感叹，“人力资源部是一个公司人员的出入口，是所有部门中最容易感受到聚散的部门。既然有了聚，特别是令人欢喜的聚，不产生感情是很难的。”

提娅继续想：“我已经摸索出负面情绪转化为积极情绪或无感的方法，但对于喜爱这种天然的情感，还是无所防备。爱恨就在一线间，那是不是因为害怕‘恨’所以连‘爱’也给省了呢？”

提娅有些困惑。

过了一会儿，她回过头来审视这个问题。

“为什么会发生‘爱恨一线间’的事情呢？”她想，“要解释这个问题，首先要弄清楚什么是爱，什么是恨？”

提娅突然发现这个问题有些大了，因为爱恨对于每个人而言有着不同的解释。

“我所知道的是：爱是希望对方更好，恨是希望对方毁灭。”提娅的内心给出了答案。

但她又想：“那为什么希望对方好？为什么希望对方毁灭呢？”

答案呈现了：“因为对方体现了或违背了投入注意力的这个人的意志。”

“如果能及时审视投入注意力这个人的意志，是不是就可以化解这个难题呢？”提娅在思考。

提娅想起自己在面对妈妈情感上的态度。

“我做到了转化。”她很肯定地回答。

“那如何影响他人呢？”提娅接着想。

她想起了影响圈。

“这个只能一层层来，而我只能控制我自己。”提娅一下子开朗了起来，“及时审视自己，这是可以做到的。这是转化的契机。”

提娅感到自己的世界被一阵光明所笼罩，心底那无限的恐惧已经散去大半。

7. 感恩独有的幸运

几天后，与瑟琳娜谈话的过程中，提娅想起了那个正在闹离婚的女经理。

“她的婚姻不幸是不是因为她的能力不够呢？”提娅问。

“不一定，这个重在她的选择。”瑟琳娜很肯定地说。

“是她选择了不合适的人来结婚？”提娅不明白。

“这只是一部分，更重要的是她选择一种什么态度来面对婚姻。”瑟琳娜说。

“能具体说说吗？”提娅好奇地问。

过了一会儿，瑟琳娜说：“婚姻其实特别特别的现实，如果抱着一种从此什么都有依靠的思想，那很难长久获得幸福感。”

“现实？难道比职场还现实吗？”提娅问。

“两个现实不一样，你要我答，我真的一下子答不上来。但有一点我敢肯定：对于女性，具体来说就是像你我这样的中国女性，无论职场还是家庭，都不能完全照搬上一辈人的经验以及自己的旧有的习惯。”瑟琳娜回答。

“有点明白了！”提娅说出了自己的理解，“毕竟，家庭、职场和学校都有着各自的不同。我们不能按照学生时代所形成的思维去判断家庭以及职场的对错。”

“理解得不错！看来做人力资源给你加分不少！”瑟琳娜笑道。

“是的，这个部门有机会让我看到了很多人以及他们的发展。”提娅点点头。

“但是，我们父母那辈，尤其是女性就没有这种幸运了。”瑟琳娜一针见血地点出提娅的盲区。

“对！我们的爷爷奶奶那辈，更早的人更没有这种幸运了。”提娅点点头。

瑟琳娜看着提娅，感叹她最近的成长之快。

提娅提出了自己的观点：“我的理解是：职场女性对于中国而言还是个新

生事物，整个社会如何面对她们，以及她们该如何面对职场，其中有太多太多需要个人填补的东西了。”

“对！其实整个商业模式以及工作模式与以往都有太多的不同，尤其是各种行业日新月异的变化和更替。”瑟琳娜补充道，“而婚姻也和以前有很大不同了，比如可以比以往更容易离婚。”

提娅一愣，立马感到了一阵悲凉。她问：“那你认为这个时代对于我们是好事还是坏事呢？”

“如果你这样思考就错了。”瑟琳娜指出。

提娅有点不明白。瑟琳娜看了出来，继续回道：“好事坏事，在于个人的境遇和看法，所以不能一概而论。但这个时代给了不少人一份很难得的礼物，那就是**掌握自己命运的自由**。尤其是让很多女性有机会去学习去赚钱。”

提娅点点头。

瑟琳娜笑眯眯地说：“你想想，在古代，哪怕幸运成为公主或女王都不能做到这些呀！”

“还真是！”提娅惊喜地说。

“只是，如何把握好这份难得的自由，就需要对拥有自由的人有很高的要求了。就好像一笔钱或者一个权力给了一个人，是福是祸在于这个人的把握了。”瑟琳娜说，“就好像你拥有了一套画具，怎么保养好它，怎么用，在于你的心态、画技、灵感和行动。虽然它不完善，但总比没有强。”

听完这番话，提娅心中一阵释然。

8. 理性与感性的最佳选择

“人只能选择如何做，至于能否得到想要的结果其实有赖于诸多的因素。比如，一个不错的岗位的获得。而我所能把握住的重要资源就是我的专注力。”提娅心想着。

的确，由于人的精力或者专注力如此有限，所以非常珍贵，需要妥善分配才能让自己能够争取更多的进化空间。经过职场的一番历练，提娅更加清楚：只有自己才是最可控的人，因此切不可失去自我而变成一个空心人。因为，这样自己不快乐，周围的人也不快乐。

“我承认：在职场上，由于职场女性在中国是个新生事物，因此很容易受到太多因素的影响。尤其是结婚生育这一人生主题，是大部分女性很难绕过去的坎儿。”提娅感叹。

但**把自己放在更大的视野中，很多的痛苦就会变淡。**

“不过，我还是感到庆幸，毕竟相比更早的女性，能够靠自己的双手养活自己是件极大的突破。”提娅心想，“我目前只想平平静静地做好自己，我相信希望会一直存在。毕竟，一个人相对整个社会发展而言只是一个小小的过客，不一定有福气看到整个事物的所有过程。而我心中太多太多的对与错是需要时间来证明的。”

“与其选择未来的归属，不如让自己平静，接受各种变化，努力让自己更有力量，更能明辨是非，更宽容。至于结果，我承认也很重要，但那只是一部分。而乐趣却不仅仅限于达成结果那么一点，过程、新的认知都是会令人获得快乐的。”提娅进一步地想，“就好像我喜欢的画画，不一定都能保存下来。但只要认真感受了，就会记住这种感觉，那么下次有了灵感就会更容易捕捉，并拥有坚持下去的信心，并且乐在其中。”

把所有的经历当作认识自己的机会，让自己一直保留拥有一定的选择自由。

这是提娅对自己做出的最佳选择。

想到这儿，提娅释然了。

提娅的笔记

无论谁都有自己的局限，只是最能把握得住的人是自己。

一个人的金钱和地位可以有很多变化。但一个人的时间和注意力的定量在很大程度上是很难提高的，所以，一定要十分十分的珍惜和使用它。

各式各样的人来人去，这不由我。但在风险可控的情况下，我可以争取把好奇心带入一次次聚散中。

这样一定很有意思。

9. 本章总结

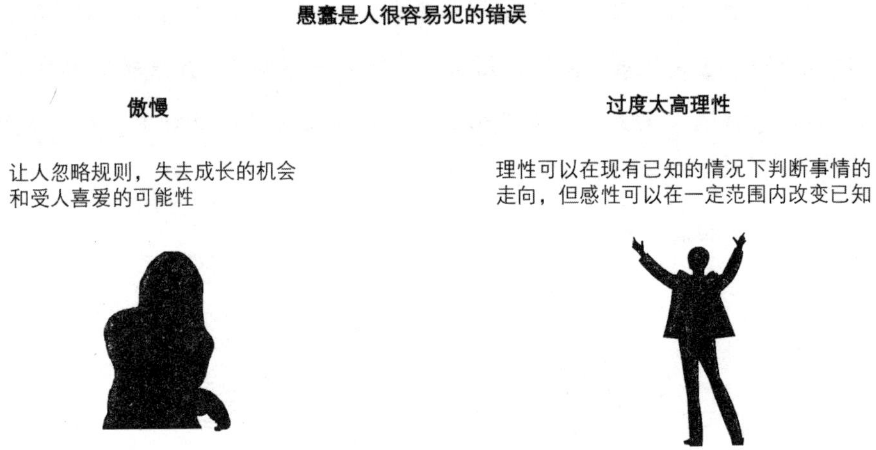

小结图 -1

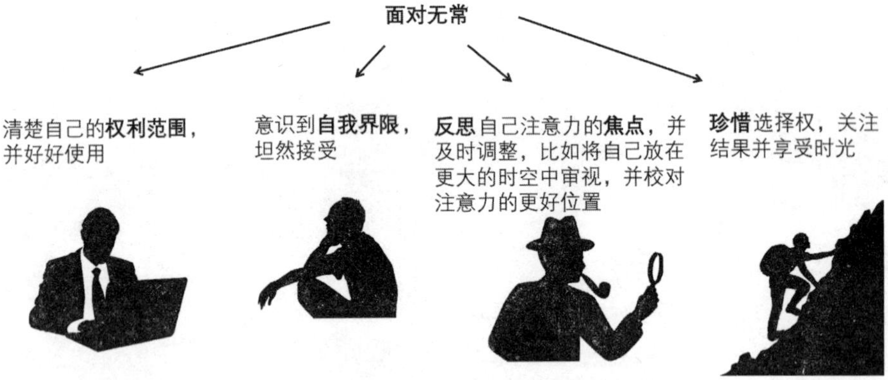

小结图 -2

尾声

一个月后，瑟琳娜与提娅又坐在了一起。

“恭喜你终于升职成功了！”瑟琳娜笑道。

“哎！别提了，一下子要开那么多的会，感觉真的不适应。”提娅疲惫地说。

“我相信你很快就会适应的。”瑟琳娜鼓励道。

“努力吧！ 不过有个令我很开心的事情，那就是总部终于同意把心理咨询室改名为减压室了。”提娅笑着说。

“能影响到总部哦！厉害呀！”瑟琳娜赞叹道。

“还不是几个分公司一起努力的结果。反正，能够批下来，后期部门的工作也会好做一些。”提娅如实回答。

瑟琳娜话锋一转，问：“谈谈你的个人问题吧！进展如何了？”

“感觉挺聊得来的，而且相处得自自然然，轻轻松松的。”提娅说，“我最看中的是：我和他都大大方方地把彼此的缺点和不足展现了出来，结果都能接受。而这不是仅仅表现在语言上，更多的是在行动上。”

“不错！缺点都能接受，那接受优点也就不难了。”瑟琳娜说。

“对！毕竟婚姻是个要考虑长期的事情，轻松与包容是基本线。”提娅说，“当然，最打动我的还是他妈妈的一番话。她说我能在这样的环境下茁壮成长，很难得。”

“看来他的妈妈很有自己的判断力哦！”瑟琳娜点点头，“就目前来看，这很可能是个不错的对象。”

“对！所以，我愿意继续发展下去。”提娅点点头。

“如果觉得值得，那就继续。因为这很可能会遇见一个更好的你。”瑟琳娜祝福道。

“好的。”提娅高兴地说。

小贴士

人与其他动物的不同之处

物竞天择，适者生存。这是地球上几乎所有物种的生存法则。但是，人类这个物种却另辟蹊径，发现并利用大自然的规则为自己而服务。

虽然，人在很大程度上受限于很多动物因素的影响，但我们祖先遗留给我们改变的潜能依然贮存在我们的身体里。